Ville, le quai et la rue Saint-Jacques. Au Panthéon, des gradins et des tribunes seront préparés pour recevoir les membres de l'Institut et une seconde députation des décorés de juillet, semblable à celle qui assistera à la pose de la première pierre du monument funéraire. Un hymne funèbre, composé pour cette circonstance, sera exécuté. Des tables d'airain, portant les noms des victimes, seront scellées, en présence de S. M. sur les murailles du Panthéon. Le roi rentrera par le Luxembourg, la rue de Tournon, la rue de Seine, le quai et le Carrousel.

DEUXIEME JOUR.

Le matin, à six heures, une salve de 24 coups de canon annoncera la fête. A 9 heures, à midi et à 3 heures, il y aura grande joûte sur l'eau, à Grenelle, à Bercy, et vis-à-vis du quai d'Orsay. Les canots des joûteurs seront pavoisés de drapeaux tricolores. A une heure commenceront au Champ-de-Mars des courses de chevaux montés et de chevaux en liberté. Courses à pied. Exercices de cavaliers Bédouins.

Depuis dix heures du matin jusqu'à dix du soir, les Champs-Elysées retentiront du bruit de huit orchestres d'harmonie. De deux heures en deux heures se succéderont des pantomimes militaires sur un grand théâtre élevé dans le carré Marigny. Sur un autre théâtre il sera exécuté des danses de corde et de voltige. Trois mâts de cocagne seront élevés dans le carré Marigny. Vis-à-vis les Invalides il sera fait une ascension sur la corde tendue à travers la Seine. A la barrière du Trône, il y aura, comme aux Champs-Elysées, théâtres, danses, mâts de cocagne, voltiges, etc.

TROISIEME JOUR.

Une salve de 24 coups de canon annoncera, comme la veille, la fête du 3e jour. A dix heures, le Roi partira du Palais-Royal pour se rendre à la barrière du Trône. S. M. passera la revue de la garde nationale et des troupes de ligne, qui seront rangées depuis la barrière du Trône jusqu'à l'Arc de l'Etoile. A 3 heures, deux aérostats s'élèveront dans les airs, l'un de la barrière de l'Etoile, l'autre de la barrière du Trône. Le soir, à neuf heures, deux grands feux d'artifice en action: l'un à la barrière du Trône, l'autre sur la place de la Concorde.

Dispositions générales.

Les 27, 28 et 29 juillet, des secours et des comestibles seront distribués aux familles indigentes. Les 28 et 29, tous les édifices seront illuminés.

Arrêté à Paris, le 7 juillet 1831.

Le pair de France, ministre secrétaire-d'état au département du commerce et des travaux publics.

Comte D'ARGOUT.

ALBUM DES DÉCORÉS DE JUILLET.

PROGRAMME DES FÊTES.

PREMIER JOUR.

Depuis le lever jusqu'au coucher du soleil, un coup de canon sera tiré de quart-d'heure en quart-d'heure. A six heures du matin, un poste d'honneur, composé de moitié gardes nationaux et moitié troupes de ligne, sera placé dans les lieux où reposent les braves morts les 27, 28 et 29 juillet. Une musique guerrière exécutera, jusqu'à la nuit, des airs et des marches funèbres. Un service commémoratif sera célébré dans tous les édifices consacrés aux différens cultes. Tous les fonctionnaires publics seront invités à se vêtir de deuil. Une mesure générale engagera tous les gardes nationaux à porter leur uniforme le crêpe au bras. Les officiers et les soldats de la ligne se conformeront également aux usages du deuil militaire.

A onze heures, le Roi, précédé et suivi d'une escorte de cavalerie, se rendra à la place de la Bastille. Le cortège sortira du Palais-Royal par la rue Saint-Honoré, et suivra la rue de Richelieu, les boulevards Montmartre, Poissonnière, Bonne-Nouvelle, Saint-Denis, Saint-Martin, du Temple.

Sur l'ancien emplacement de la Bastille, il aura été préparé un double amphithéâtre semi-circulaire, et des tribunes destinées aux membres des deux chambres, au conseil-d'état, au corps municipal et à une députation des décorés de juillet. Cette députation se composera de 24 personnes par arrondissement, dont douze seront décorés de la croix et douze auront reçu la médaille. Les noms de ces 24 personnes seront tirés au sort, dans chaque arrondissement, par le maire. Au centre des deux amphithéâtres, se trouvera le simulacre d'un monument funéraire, destiné à perpétuer le souvenir des journées de juillet. Tous les apprêts nécessaires à la pose de la première pierre de ce monument auront été faits d'avance. Il se rendra ensuite au Panthéon, par la rue Saint-Antoine, Le Roi posera lui-même la première pierre. l'Hôtel-de-

ALBUM
DES DÉCORÉS
DE JUILLET,

CONTENANT

LES NOMS DES DÉCORÉS DE JUILLET,

PRÉCÉDÉS

Du Rapport à la chambre des députés sur les récompenses nationales; de la Loi du 13 décembre 1831; de l'Ordonnance du Roi qui en prescrit l'exécution; et suivis de la pétition devant être adressée à la chambre des députés en vertu de la délibération prise en assemblée générale au Wauxhall, et du procès-verbal de cette séance du 12 juillet 1831.

PARIS,

Chez { A. MIE, rue Joquelet, n° 9, au dépôt.
PREVOT, libraire, rue de Vaugirard, n° 22;
LEVAVASSEUR, libraire, Palais-Royal;

1831

PARIS. — IMPRIMERIE D'AUGUSTE MIE,
Rue Joquelet, n° 9, place de la Bourse.

NOTE DE L'ÉDITEUR.

Dans un moment où tant d'efforts sont réunis pour paralyser les effets de notre sublime et si incomplète révolution, c'est un devoir à accomplir que de transmettre à la postérité, que de livrer à la plus grande publicité les noms de ces hommes qui par leur courage et leur dévouement ont le plus contribué à l'affranchissement de notre belle partie. L'époque la plus favorable pour accomplir notre œuvre de justice, était sans contredit l'anniversaire des trois immortelles journées ; aussi n'avons nous entrepris cette tâche qu'alors qu'elle nous paraissait plus impérieuse et qu'elle pouvait être regardée, avec raison, comme un hommage public, que nous nous plaisons à rendre à nos défenseurs. Celui-là, du moins, n'est pas trompeur, aucune arrière pensée ne l'a dicté.

Tout en livrant à la reconnaissance de la patrie les noms de ses courageux enfans, nous espérons prévenir, n'importe d'où elles partent, la fraude et la mauvaise foi, et puis établir des rapports plus intimes entre ceux qui furent associés aux jours du danger.

Nous aurions voulu joindre les noms des victimes aux noms de ceux que la mort a épargnés ; mais elles sont tellement nombreuses que malgré notre zèle nous serions toujours restés au dessous de notre tâche ; nous espérons cependant pouvoir les publier dans un ouvrage que nous ferons paraître sous peu.

Outre les noms des citoyens dont les droits aux récompenses nationales ont été reconnus, l'album des décorés de Juillet contiendra le rapport fait à la chambre des députés sur ces mêmes récompenses, le texte de la loi rendue le 13 décembre 1830, l'ordonnance du roi qui en prescrit l'exécution et enfin la pétition adressée à la chambre des députés, en vertu de la délibération de l'assemblée générale des décorés réunis au Wauxhall le 12 Juillet 1831.

C'est ainsi que nous avons rassemblé tout ce qui peut intéresser le plus vivement les hommes de la grande semaine et les patriotes vraiment dignes de ce nom. Quoiqu'en aient certaines gens à courte mémoire, un jour viendra probablement, où l'album des décorés de Juillet deviendra un monument de famille, et si jamais, ce qu'à Dieu ne plaise, le siècle du despotisme voulait renaître, la voix d'un peuple qui s'est levé comme un seul homme et qui les a proclamés ses champions, saurait à qui remettre le soin de sa vengeance.

ALBUM
DES DÉCORÉS
DE JUILLET.

RAPPORT A LA CHAMBRE DES DÉPUTÉS PAR M. KÉRATRY.

Messieurs,

Heureuses sont les nations auxquelles il est donné de jouir d'une liberté toute acquise et qui ne coûte ni sang ni larmes à la génération contemporaine! Ce sera le sort de vos arrière-neveux, de vos enfans mêmes si, mettant à sa valeur la conquête que la France vient de faire d'un régime constitutionnel, ils savent respecter les lois de leur pays, les modifier avec prudence quand elles seront menacées de désuétude, vénérer les magistrats qui les administrent, et maintenir, dans un état de force, cette royauté amie sur laquelle nous avons eu le bonheur d'asseoir notre ordre social et politique! Mais cet immense avantage, bien que nous dussions nous le promettre du courage civil d'un grand nombre de Français répandus sur la surface de ce royaume, a eu besoin d'être assuré par un dernier effort, d'autant plus beau qu'il s'est renfermé dans des limites légales. Paris en a été le théâtre; Paris en a fourni les acteurs, qui ont joué le rôle le plus noble dont puisse s'honorer la nature humaine. C'est à vous, Messieurs, qui, par la volonté du peuple et du prince, vous trouvez rassemblés dans cette enceinte législative, de constater d'une manière digne de tous les deux, le dévouement auquel nous devons fixer pour toujours, du moins nous l'espérons, les destins de notre patrie. L'acte auquel le gouvernement du roi vous invite, tiendra une place dans l'histoire des hommes. Il rappellera aux siècles futurs que ce n'est point une force aveugle et indomptée qui s'est précipitée, pour le renverser, sur un trône protecteur de l'ordre public; d'une voix plus retentissante que celle de l'airain, il leur apprendra au contraire que, sans autres armes que son courage, une population généreuse, après avoir attendu avec calme le moment d'une légitime défense prévu par son acte même de société, a fait tomber devant elle un pouvoir oppresseur, maintefois averti de ses empiétemens, maintefois supplié de rentrer dans la limite de ses droits et de ses devoirs. Dieu nous est témoin que dans ce retranchement, il eût été à jamais sacré pour nous! Mais il s'est jeté dans les voies du parjure, et la justice du ciel s'est chargée de punir le parjure (1).

Un peuple ancien écrivait sur la tombe de ses défenseurs : « Passant, va dire à la cité que nous sommes morts ici pour obéir à ses saintes loix. » Paris peut écrire sur le pavé de ses places publiques que ses citoyens ont combattu pour préserver de destruction la loi du pays, et qu'en invoquant la loi du pays, ils ont arrosé de leur sang les colonnes au pied desquelles ils ont trouvé leur sépulture. Continuons à respecter les nations anciennes et ne leur envions rien, Messieurs, car nous avons aussi une patrie, et nous n'avons pas manqué de héros pour la défendre.

Maintenant remplissons un saint devoir. Légataires universels des braves qui nous ont laissé le plus riche des héritages, je veux dire ces libertés publiques dont la possession, préservée d'abus, garantit aux sociétés un avenir de bonheur, tendons la main à des orphelins qui seront un jour glorieux de la mort de leurs pères, à ces veuves et à ces vieillards auxquels, dans la victoire, les pleurs sont permis après des funérailles toujours prématurées lorsque les mères y assistent.

Le ministre de Sa Majesté, dans un noble langage, vous a fait une proposition de loi où la dignité s'unit à la convenance et où la générosité ne passe pas les bornes prescrites par l'état de la fortune publique. Au reste, si le reproche de largesses pouvait être adressé au gouvernement du roi, votre commission croirait encore devoir

---

(1) *Non perjurabis in nomine meo; nec pollues nomen Dei tui : ego Dominus!* (Lev. cap. XIX.)

vous associer à ce reproche ; car ce n'est pas une petite chose que d'avoir donné une fin, et sans contredit la plus désirable, à cette révolution de 1789, sur le succès de laquelle les cœurs honnêtes commençaient à former des doutes. Le trône, les chambres, le peuple, tout est aujourd'hui d'accord ; tout est dans la loi réelle ; le problème est résolu ; on peut à la fois être libre et gouverné. Ce grand secret, certes, avait sa valeur, et quelque haut qu'en fût le prix, il ne saurait vous coûter des regrets. Mais je me trompe, Messieurs ; en récompensant les vertus civiques nées dans leur sein, les peuples s'assurent des défenseurs pour l'avenir, et les bienfaits qu'ils répandent leur préparent une génération d'hommes pour les grandes conjonctures où il faut porter la main à l'édifice royal menacé de ruine.

Votre commission, Messieurs, a cru devoir vous proposer de légers changemens au projet de loi des *récompenses nationales*, y suppléer à quelques omissions qui n'étaient certainement pas dans la pensée du ministère, mais qui eussent pu l'arrêter dans un système d'équitables répartitions ; enfin, elle s'est permis une suppression, non sans lui substituer un équivalent dont votre sagesse et celle du gouvernement lui-même seront les meilleurs juges.

Il nous a paru juste de comprendre parmi les orphelins des immortelles journées de juillet les enfans dont les mères, par cas fortuit ou autrement, ont péri de coups de feu ou de blessures à l'abri desquels leur sexe eût dû les mettre : il s'agit au plus de cinq ou six femmes indigentes. Messieurs, qui nous dira si les coups portés à ces êtres faibles et inoffensifs ; si le sang qui a coulé de leurs plaies n'a pas enflammé le courage des hommes ; si ce sang n'a pas crié vengeance vers le ciel ? Eh bien, que les créatures innocentes auxquelles il appartenait en reçoivent le prix, ou mieux, la faible indemnité, lorsque l'infortune du père survivant sera accompagnée de preuves.

Votre commission a cru également qu'elle devait ranger, dans la classe des orphelins, les enfans dont les pères, par suite d'amputations ou de blessures, seront réduits à une incapacité de travail duement constatée : ces deux additions indispensables trouveront naturellement leur place dans l'art. 2 de la loi.

Nous avons pensé que l'article 6 devait être supprimé comme répétition du précédent, et comme ayant l'inconvénient d'ouvrir la porte à des demandes peu fondées ou tellement multipliées que l'allocation des sommes destinées aux récompenses nationales seraient bientôt insuffisante. Qui ne sait, en effet, que s'il fallait indemniser toute la classe laborieuse de la privation de son travail dans les journées de juillet, ce seul article réclamerait l'emploi d'un capital considérable ; d'ailleurs, les demandes seraient difficilement susceptibles d'appréciation.

L'article 7, qui concerne l'affectation d'un crédit de 7 millions destinés à fonder des pensions viagères ou à faire face à des sommes liquides une fois payées, ne nous a pas semblé exprimé avec une clarté suffisante ; nous avons cru qu'il devait donner lieu à une rectification, puisqu'il s'agit moins ici d'un capital à tirer du Trésor que d'une inscription de rentes à faire au livre de la dette viagère : votre commission vous propose cette rectification.

Il lui a paru convenable de faire descendre jusqu'au grade de *sous-officier* la faculté conférée au gouvernement, par l'article 8, de prendre des sous-lieutenans pour l'armée parmi ceux qui, s'étant particulièrement distingués dans les journées de juillet, seront jugés dignes de cet honneur. En effet, Messieurs, le citoyen maltraité de la fortune et privé d'éducation qui se croirait peu propre à l'emploi de sous-lieutenant, après quelques jours d'instruction, pourrait très bien remplir celui de sergent et se préparer ainsi à passer à des grades supérieurs. Pour ne pas affaiblir le ressort de l'émulation si essentiel au bon esprit militaire, votre commission vous propose de limiter le nombre des admissions possibles par chaque régiment.

Votre commission, à la presque unanimité de ses membres (mon devoir est de vous le dire), dès sa première séance, se prononça contre le projet d'une décoration spéciale destinée à consacrer le souvenir ineffaçable des journées de juillet, et à les honorer dans la personne de ceux qui, y ayant pris une part effective, leur ont survécu. Après une mûre réflexion, elle s'est confirmée dans son sentiment. Suivant elle, la création d'une décoration spéciale serait sujette à des inconvéniens dont vous regretteriez qu'une loi toute de munificence nationale fût entachée. Ainsi, nous vous demanderons si cette décoration ne pourrait pas devenir, soit pour l'armée, dans les cadres de laquelle vous appelez déjà les braves auxquels on la destine, soit pour notre ordre civil, au sein duquel on les verra se disperser, un motif de rivalité entre des hommes faits pour s'estimer, et dont les services, dans des carrières diverses, sont utiles à la patrie? Certes, vous ne voudrez pas que l'époque de la délivrance d'un grand peuple s'efface jamais de sa mémoire ; mais nous vous demanderons s'il faut que les chefs et les soldats d'un régiment français lisent sans cesse, écrit sur la poitrine d'un camarade, le jour où, obéissant certes à regret, et peut-être avec mollesse, aux ordres menaçans d'un pouvoir dont la déchéance n'était pas encore prononcée, ils ont abaissé leurs armes devant une milice nouvelle forte de son seul courage? Nous nous sommes demandés à nous-mêmes si, suivant les conjectures et les localités, le signe d'une valeur toute patriotique se maintiendrait toujours à cette élévation de laquelle, par cela même qu'il serait distinctif, il serait bon qu'on ne le vît jamais descendre. Enfin, nous avons redouté que les grands souvenirs qui y seraient attachés n'inspirassent à ceux qui le porteraient une présomption dont d'autres amours-propres pourraient être blessés, et que, par réaction, ceux-ci ne se permissent des paroles qui deviendraient à leur tour l'objet d'un juste ressentiment. Messieurs, honorer une portion de vos concitoyens dans la société qu'ils ont défendue avec vaillance, vous le pouvez, vous le devez ; mais gardez-vous en même temps d'humilier l'autre, car l'humiliation engendre ou la bassesse de cœur qui rend incapable de tout noble service, ou l'irritation de l'âme qui se venge par respect de sa propre dignité.

Non, Messieurs, vous ne violerez pas un des premiers préceptes de notre symbole politique, en dérobant les récompenses nationales à ce cachet d'égalité dont toute notre loi est empreinte! *Honneur et Patrie*; quelles paroles plus belles pourriez-vous tracer sur l'uniforme, sur l'habit ou sur la blouse des braves de juillet? et pourquoi refuseriez-vous d'assimiler les victimes d'un despotisme qui s'est parjuré, aux vainqueurs de Jemmapes et de Fleurus, soldats-citoyens aussi, qui ont éloigné de nos têtes le joug de l'étranger, et dont les vétérans comptent, parmi leurs camarades, le roi honnête-homme

I.

qui porte si dignement la couronne de France? Nous avons donc cru que, sur la présentation de la commission des *récompenses*, l'étoile de la Légion-d'Honneur pourrait être distribuée, par le prince, aux citoyens qui se sont distingués dans les mémorables journées de 1830. Vous avez desiré plus d'une fois, le gouvernement desire, comme vous, rendre leur éclat aux rayons obscurcis de cette étoile, prodiguée n'aguère avec trop peu de discernement. Eh bien! qu'on la donne aux vainqueurs de juillet, et le nuage qui la couvre en grande partie aura disparu!

On nous dira que le roi, juge suprême de tous les mérites, pouvant décerner cette décoration sans l'intervention des chambres, nous invitait à concourir avec lui à un acte de reconnaissance spéciale; mais il pésera dans sa sagesse les motifs qui ne nous permettent pas d'adopter cette partie de la proposition de son gouvernement; et, comme il s'agit ici d'un événement qui ne s'est pas encore présenté dans nos annales, le prince a pu souhaiter, en toutes suppositions, qu'une mesure législative ajoutât à la solennité des récompenses émanées du trône.

Sous ce rapport, nous croyons avoir saisi la manière la plus convenable de répondre à sa haute pensée, lorsque nous vous proposons d'ouvrir l'ordre de la Légion-d'Honneur aux braves, qu'entre tant de braves, la commission des récompenses aura jugés les plus dignes d'entrer dans cette noble phalange. Nous souhaitons que la faveur devienne entière, par la participation des élus à tous les avantages dont jouissent les légionnaires qui ont mérité leurs insignes sur le champ de bataille. En effet, ce champ de bataille n'a-t-il pas encore sa trace toute fraîche et toute fumante? De quelque côté que vous vinssiez à diriger vos yeux, en dehors de ces murs, vos regards ne s'y reposeraient-ils pas? Il a occupé les deux rives de la Seine; le palais des rois comme celui des arts, y a été compris; cette chambre réservée aux débats pacifiques, du sein desquels doit sortir la loi mieux élaborée, a fait partie de son enceinte; dernier rempart de l'étranger, soudoyé avec l'or de nos subsides pour nous asservir, elle a vu des combats qui ont assuré à la loi un nouveau genre de triomphe dans la personne de ses défenseurs.

C'est donc ici, et par vos mains, que la patrie doit puiser à son tour dans le trésor de ses grâces, et verser ses largesses avec cette plénitude qui atteste, en même temps, l'immensité du bienfait et celle de la reconnaissance? Elle donnera, dis-je, tout ce qu'elle a de plus précieux, tout, hors son repos et sa tranquillité, seuls biens dont l'aliénation ne lui soit pas permise! Une distinction existe déjà, qui a enfanté des miracles : la patrie n'aura garde de lui en opposer une nouvelle qui pourrait, plus tôt que nous le croyons, compromettre sa paix; elle ne voudra pas que sa libéralité devienne, entre ses enfans, un sujet de discordes; enfin, en semant ses dons, elle veillera à ce qu'ils ne ressemblent pas aux dents de ce dragon fabuleux, qui procréèrent tout à coup des hommes armées, destinés à s'entre-détruire.

Messieurs, vous aurez compris nos paroles, et nous espérons qu'elles auront fait passer dans vos âmes la conviction qui les a dictées. Il a semblé à votre commission que les fonds qui, des diverses communes du royaume, sont parvenus à la caisse municipale de Paris, et même ceux dont les nations voisines ont adressé l'hommage à l'armée patriote de juillet, devraient être l'objet d'un compte régularisé par le gouvernement du roi, non pas que nous fussions tentés d'alléger, par cette sorte de subsides, le poids de la reconnaissance nationale. Non, Messieurs, nous ne saurions libérer le pays envers ses défenseurs avec l'or des étrangers! Sa dette est sacrée, elle lui est chère; seul il veut, seul il prétend l'acquitter; mais comme les dons offerts par l'estime universelle aux vainqueurs de juillet, à leurs veuves, à leurs enfans ou à leurs pères, leur appartiennent en propre, tout persuadés que nous soyons de la juste application des secours de semblable nature, nous souhaitons que, sous ce rapport, la pensée publique soit exempte de la plus légère incertitude.

Nous avons également désiré que les actes divers auxquels donnera lieu l'exécution de la présente loi, n'obligent les parties prenantes à aucune sorte de déboursé, soit pour productions de pièces, soit pour timbre ou remboursement. Ici rien au fisc! c'est la patrie qui doit; c'est la patrie qui paie! Elle rougirait de la retenue d'un décime faite aux braves et aux enfans des braves dont le sang a coulé pour sa cause. Par le même motif, votre commission est d'avis que la commission des *récompenses nationales* fût juge sans appel, des titres d'alliance, de paternité et de filiation des personnes des deux sexes intéressées à cette répartition.

Enfin, Messieurs, la commission dont j'ai l'honneur d'être l'organe près de vous, aurait pu regarder comme un digne complément de la loi qui vous est proposée, l'institution d'une fête annuelle et nationale pour tout le royaume, destinée à perpétuer le souvenir des trois journées de juillet; mais elle n'a pas cru devoir dérober au gouvernement du roi la satisfaction de vous en adresser plus tard la proposition particulière. Sans doute, persuadés qu'il faut des fêtes politiques à un peuple, et qu'il en est quelques unes dont le nôtre va perdre la mémoire et retrouver le souvenir, on s'empressera de vous présenter le programme d'une solennité où les mânes des citoyens qui ont laissé leurs restes honorables au pied de vos monumens, recevront, avec nos larmes, le tribut de la reconnaissance publique; sans doute, dans les paroles de l'orateur patriote, la grandeur des faits accumulés en quelques heures venant à exciter le sentiment d'un juste orgueil; notre jeunesse après avoir tressailli d'une sainte colère contre les abus d'un pouvoir sans frein, se réjouira d'être née sur ce sol qui enfanta des héros et qui va devenir, à tout jamais, sacré pour elle en se mêlant à leurs cendres. Mais ces soins, non moins doux que tristes, sont réservés à des jours plus calmes, et ceux-ci devant être le prix des institutions que nous avons à fonder, je vais me hâter de vous rendre au cours de vos travaux.

LOI.

LOUIS-PHILIPPE, Roi des Français,

A tous présens et à venir, salut.

Les chambres ont adopté, nous avons ordonné et ordonnons ce qui suit :

Art. 1er. Les veuves des citoyens morts dans les journées des 27, 28 et 29 juillet, ou par suite des blessures qu'ils ont reçues dans les mêmes journées, recevront de l'Etat une pension annuelle et viagère de cinq cents francs, qui commencera à courir du 1er août 1830.

2. La France adopte les orphelins dont le père ou la mère a péri dans les trois journées ou par suite des trois journées de juillet. Une somme de deux cent ciquante francs par année est affectée pour chaque enfant au-dessous de sept ans, lequel restera confié aux soins de sa mère ou de son père, si c'est celui-ci qui a survécu, ou, au besoin, à ceux d'un parent ou d'un ami choisi par le conseil de famille.

Seront considérés comme orphelins les enfans dont les pères, par suite d'amputation ou de blessures, seront réduits à une incapacité de travail duement constatée.

Depuis l'âge de sept ans jusqu'à dix-huit, les enfans adoptés en conformité du tableau dressé par la commission, seront, sur la demande des pères, mères ou tuteurs, et aux frais de l'Etat, élevés dans les établissemens publics ou particuliers, et ils y recevront une éducation conforme à leur sexe et propre à assurer leur existence à venir.

3. Les pères et mères âgés de plus de soixante ans et infirmes, et dont l'état malheureux sera constaté, et qui auront perdu leurs enfans dans les journées des 27, 28 et 29 juillet, recevront de l'Etat une pension annuelle et viagère de trois cents francs, reversible sur le survivant.

Les pères et mères dont l'état malheureux sera constaté et qui auront perdu leurs enfans dans les journées des 27, 28 et 29 juillet, recevront une pension annuelle et viagère, qui ne pourra être moindre de cent francs ni excéder deux cents francs. Ces pensions seront payées à compter du 1er août 1830.

Ces dispositions sont applicables, à défaut de pères et de mères, aux autres ascendans.

4. Une pension de cent à cent cinquante francs sera

allouée aux orphelines sœurs de Français morts dans les mêmes journées, ou des suites de leurs blessures, et que la mort de leurs frères a privées de tout secours.

5. Les Français qui, dans les journées de juillet, ont reçu des blessures entraînant la perte ou l'incapacité d'un membre, ou dont il est résulté une maladie qui les empêche de se livrer à aucun travail personnel pendant le reste de leur vie, recevront de l'Etat une pension qui leur sera accordée dans les limites de trois cents à mille francs.

Ils auront le choix de toucher cette pension dans leurs foyers, ou d'entrer à l'Hôtel des Invalides. Dans ce dernier cas, ils seront traités, à l'hôtel, suivant le grade auquel ils seront assimilés par le brevet même de la pension.

6. Les Français que leurs blessures n'ont pas mis hors d'état de travailler, recevront une indemnité, une fois payée, dont le montant sera pour chacun d'eux déterminé par la commission des récompenses nationales.

7. En conséquence des dispositions qui précèdent, et pour acquitter en même temps le montant des secours provisoires délivrés aux blessés ou aux familles des victimes des journées de juillet :

1°. Il sera ouvert au ministre de l'intérieur un crédit de deux millions quatre cent mille francs, lesquels seront distribués d'après les états dressés par la commission à titre d'indemnité ou de secours une fois payés ;

2°. Le ministre des finances est autorisé à faire inscrire au Trésor public, et jusqu'à concurrence de quatre cent soixante mille francs, les pensions et secours annuels liquidés par la commission en vertu des articles 1, 2, 3 et 4 de la présente loi.

Il sera ouvert pour ces quatre cent soixante mille francs un crédit spécial, et la jouissance partira du 1er août de la présente année.

Ces pensions ne seront point sujettes aux lois prohibitives du cumul.

8. Pourront être nommés sous-officiers ou sous-lieutenans dans l'armée ceux qui, s'étant particulièrement distingués dans les journées de juillet, seront, d'après le rapport de la commission, jugés dignes de cet honneur, sans que par régiment la nomination des sous-lieutenans puisse excéder le nombre de deux, et celle des sous-officiers celui de quatre.

9. La médaille ordonnée par la loi du 30 août sera distribuée à tous les citoyens désignés par la commission.

10. Une décoration spéciale sera accordée à tous les citoyens qui se sont distingués dans les journées de juillet. La liste de ceux qui doivent la porter sera dressée par la commission et soumise à l'approbation du Roi. Les honneurs militaires lui seront rendus comme à la Légion-d'Honneur.

11. La commission des récompenses nationales est autorisée à connaître des titres d'alliance, de paternité et de filiation des personnes des deux sexes intéressées à la répartition des fonds alloués par le crédit mentionné en l'article 7.

Quand la justification des qualités aura été reconnue suffisante par la commission des récompenses, la décision intervenue sera transmise au ministre des finances, qui fera opérer les inscriptions des pensions au nom des ayans-droit, sans que lesdites inscriptions ou les décisions prononcées par la commission puissent être invoquées en aucun autre cas, soit par des tiers, soit par les parties intéressées.

12. Sont dispensés des droits de timbre, d'enregistrement, et d'expédition appartenant au Gouvernement, les extraits des registres de l'état civil, de ceux des greffes des tribunaux de paix, de première instance et de cour royale, demandés par les parties intéressées avec l'autorisation de la commission.

13. Le compte de la distribution des fonds alloués par la présente loi et de ceux provenant des souscrip-

tions nationales ou étrangères, sera imprimé et distribué aux chambres dans la session de 1831.

14. Les dispositions de la présente loi pourront être étendues par le Gouvernement du Roi aux communes de France qui, par suite de leur résistance aux ordres arbitraires de Gouvernement déchu, auront justifié de leurs droits à la reconnaissance nationale.

15. Un monument sera consacré à la mémoire des événemens de juillet.

16. La liste des personnes qui auront reçu des récompenses en vertu de la présente loi, sera publiée par la voie de l'impression, avec l'indication du lieu de leur naissance.

17. Le préfet de la Seine et les maires des douze arrondissemens municipaux de Paris seront adjoints à la commission : sur la désignation du préfet de la Seine, les arrondissemens de Sceaux et de Saint-Denis fourniront chacun un membre à cette commission.

La présente loi, discutée, délibérée et adoptée par la chambre des pairs et par celle des députés, et sanctionnée par nous cejourd'hui, sera exécutée comme loi de l'État.

DONNONS EN MENDEMENT à nos cours et tribunaux, préfets, corps administratifs et tous autres, que les présentes ils gardent et maintiennent, fassent garder, observer et maintenir, et, pour les rendre plus notoires à tous, ils les fassent publier et enregistrer partout où besoin sera; et, afin que ce soit chose ferme et stable à toujours, nous y avons fait mettre notre sceau.

Donné à Paris, au Palais-Royal, le 13ᵉ jour du mois de décembre, l'an 1830.

LOUIS-PHILLIPE,

Vu et scellé du grand sceau :
Le garde-des-sceaux de France, ministre secrétaire-d'état au département de la justice,
DUPONT (de l'Eure).

Par le Roi :
Le ministre secrétaire-d'état au département de l'intérieur,
MONTALIVET.

RAPPORT AU ROI.

Paris, le 28 février 1831.

Sire,

La loi du 13 décembre 1830 attribue des récompenses nationales aux victimes des glorieuses journées de juillet; elle ouvre, à cet effet, au ministre de l'intérieur, un crédit de 2,400,000 fr., et permet l'inscription de pensions viagères, à concurrence de 460,000 fr.

La commission des récompenses nationales s'est livrée avec soin et persévérance à la recherche des droits, et déjà elle en a constaté un grand nombre dans chacun des arrondissemens de Paris et de la banlieue.

Parmi les communes de France, à qui la loi attribue une part dans ses récompenses, Nantes qui compte aussi ses victimes, m'a adressé son travail.

En attendant que les propositions de la commission des récompenses puissent être mises sous les yeux de V. M., des secours provisoires ont été donnés aux victimes de juillet. Il y a donc des dépenses faites à régulariser, en même temps que l'on doit rentrer dans les voies ordinaires pour les dépenses à faire.

Il devient urgent aujourd'hui de centraliser les utiles travaux de la commission des récompenses nationales. Tel est le but d'ordonnance que j'ai l'honneur de proposer à Votre Majesté.

J'ai l'honneur d'être,

Sire,

De Votre Majesté,

Le très humble et très obéissant serviteur,
Le ministre secrétaire-d'état au département de l'intérieur,

Montalivet.

ORDONNANCE DU ROI.

LOUIS-PHILIPPE, Roi des Français,

A tous présens et à venir, salut.

Sur le rapport de notre ministre secrétaire-d'état au département de l'intérieur,

Vu l'ordonnance du 26 août 1830 et la loi du 15 décembre même année,

Nous avons ordonné et ordonnons ce qui suit :

Art. 1er. Le sieur Grau de Saint-Vincent, chef de bataillon (5e légion) est nommé commissaire du gouvernement près la commission des récompenses nationales.

2. Toutes les propositions et désignations, de quelque nature qu'elles soient, dont la loi du 13 décembre 1830 attribue l'initiative à la commission des récompenses nationales, seront soumises à notre approbation par notre ministre secrétaire-d'état au département de l'intérieur.

3. Notre ministre secrétaire-d'état de l'intérieur présentera également à notre approbation, dans le plus bref délai, les récompenses nationales qu'il peut y avoir lieu d'accorder en vertu de l'art. 14 de la loi du 13 décembre, aux communes de France auxquelles sont rendus applicables les bienfaits de cette loi.

Il prendra les mesures pour que toutes les dispositions relatives à l'exécution de la loi du 13 décembre soient terminées au plus tard le 15 mai prochain.

4. Notre ministre secrétaire-d'état de l'intérieur est chargé de l'exécution de la présente ordonnance.

LOUIS-PHILIPPE.

Par le Roi :

Le ministre secrétaire-d'état au département de l'intérieur,

MONTALIVET.

DÉCORATION DE JUILLET.

RAPPORT AU ROI.

Paris, le 30 avril 1831.

Sire,

La commission des récompenses nationales est à la veille de clore les listes qu'elle a établies, conformément à la loi du 13 décembre 1830, en ce qui concerne la décoration et la médaille instituées par cette loi. Déjà, elle m'a adressé les listes des citoyens qu'elle a désignés pour recevoir la décoration spéciale.

Ces listes contiennent les noms des citoyens qui ont pris une part active à la glorieuse résistance dont Paris a été le théâtre pendant les dernières journées du mois de juillet.

Tous les services ont été appréciés, tous les droits ont été reconnus.

Pairs, députés, magistrats, écrivains, soldats, citoyens, leurs noms sont tous confondus dans ces honorables listes, comme ils le sont dans l'expression de la reconnaissance nationale.

La première comprend les noms des Français que la commission des récompenses a jugé dignes d'être décorés de la croix du juillet.

La seconde, que la commission n'a point encore arrêtée définitivement, contiendra ceux des citoyens qui auront mérité de recevoir la médaille.

J'aurai l'honneur de soumettre incessamment à l'approbation de Votre Majesté, l'ensemble de ce travail, qui ne concerne encore que le département de la Seine, et de prendra ses ordres sur le jour qu'elle jugera convenable de fixer pour la distribution solennelle des croix et des médailles. Je mettrai plus tard sous les yeux de Votre Majesté le travail qui sera relatif aux autres départemens de la France, ainsi que le tableau des pensions et secours définitifs. La commission en aura très incessamment arrêté l'état.

En attendant, Votre Majesté a désiré régler ce qui se rapporte aux décorés de la croix de juillet.

Tel est l'objet du projet d'ordonnance que j'ai l'honneur de lui soumettre.

Sire, Votre Majesté est impatiente d'acquitter envers la population de Paris, envers la France entière, la dette de la patrie : la nation partage cette impatience.

J'ai l'honneur de proposer à Votre Majesté de décider que la solennité de la remise des croix et médailles, aux mains des citoyens qui les ont méritées, aura lieu en sa présence, à l'hôtel des Invalides, au milieu des souvenirs et des trophées de la vieille gloire française.

Je suis avec un profond respect,

SIRE,

De Votre Majesté,

Le très humble, très obéissant et très fidèle sujet.
Le président du conseil, ministre secrétaire d'état au département de l'intérieur,

CASIMIR PÉRIER.

ORDONNANCES DU ROI.

LOUIS-PHILIPPE, ROI DES FRANÇAIS,

A tous présens et à venir, salut.

Vu la loi du 13 décembre 1830 ;

Vu l'ordonnance du 22 février 1831 ;

Sur le rapport de notre ministre secrétaire d'état au département de l'intérieur,

Nous avons ordonné et ordonnons ce qui suit :

Art. 1er. La décoration spéciale instituée par la loi du 13 décembre dernier, pour perpétuer les glorieuses journées de la révolution de 1830, portera le nom de *Croix de juillet*.

2. La Croix de juillet consistera en une étoile à trois branches, et surmontée d'une couronne murale en argent. Le centre de l'étoile, divisé en trois auréoles émaillées aux couleurs nationales, entouré d'une couronne de chêne, portera à la face : 27, 28, 29 *juillet* 1830, et pour légende : *Donné par le Roi des Français* ; le revers, divisé comme le centre de la face, portera le *Coq gaulois en or*, avec cette légende : *Patrie et Liberté*.

3. La Croix de Juillet sera suspendue à un ruban moiré, de couleur bleu d'azur, de trente-sept millimètres de largeur, portant un liseré rouge de deux millimètres, placé de chaque côté du ruban, à deux millimètres de son bord, conformément au modèle annexé à la présente ordonnance.

4. Les citoyens décorés de la Croix de Juillet prêteront serment de fidélité au Roi des Français, d'obéissance à la Charte constitutionnelle et aux lois du royaume

5. Conformément à l'art. 10 de la loi du 13 décembre 1830, les honneurs militaires seront rendus à la Croix de Juillet comme à celle de la Légion-d'Honneur.

6. Notre président du conseil, ministre secrétaire-d'état de l'intérieur, et notre ministre secrétaire-d'état de la guerre, sont chargés, chacun en ce qui les concerne, de l'exécution de la présente ordonnance.

Donné au Palais-Royal, le 30 avril 1831.

LOUIS-PHILIPPE.

Par le Roi :

Le président du conseil, ministre secrétaire-d'état au département de l'intérieur,

CASIMIR PÉRIER.

LOUIS-PHILIPPE, Roi des Français,

A tous présens et à venir, salut ;
Vu la loi du 13 décembre 1830,
Vu les listes de désignations dressées par la commission des récompenses nationales des citoyens de Paris et de la banlieue qu'elles a jugés dignes de recevoir la croix de juillet ;
Sur le rapport de notre ministre secrétaire-d'état au département de l'intérieur,
Nous avons ordonné et ordonnons ce qui suit :

Art. 1er. La Croix de Juillet sera décernée aux citoyens compris dans l'état nominatif arrêté par notre ministre secrétaire-d'état au département de l'intérieur, et annexé à la présente ordonnance.

2. Notre président du conseil, ministre secrétaire-d'état de l'intérieur, est chargé de l'exécution de la présente ordonnance.

Donné au Palais-Royal le 30 avril 1831.

LOUIS-PHILIPPE.

Par le Roi :
Le président du conseil, ministre secrétaire-d'état de l'intérieur,

Casimir Périer.

ÉTAT NOMINATIF

Des citoyens auxquels sera décernée la croix de Juillet, instituée par la loi du 13 décembre 1830, sur les récompenses nationales.

A.

Abeil, Jean-Remond.
Abraham, Pierre.
Abrial, Jean-Baptiste.
Ack, Carles-Louis.
Adam, Jean-Étienne.
Ader, Jean-Joseph.
Agier, Pierre-Joseph.
Aladenises, Charles-J.-B.
Albert Stapfer.
Alcan, Léon, dit *Leman*.
Aleman, Pierre-Paul.
Alibert, Pierre.
Allart, Gabriel-Alfred.
Allègre, David-Louis.
Allier, Jean-Baptiste-Régis.
Altroffes, Louis.
Aly, Hamet.
Ambert, Amant.
Andony, François.
André, Paul.
Andrieux, Auguste.
Année, Antoine.
Antoine, Jean-Baptiste.
Arago, Étienne-Vincent.
Arnaud, Jean-Joseph.
Arnoudst.
Arronssohn, Nestor.
Arsonneau, Felix.
Artus, Jean-Marie.
Asinelli, Jean-Adolphe.
Aubrie, Philippe-Gabriel.
Aubriot, Pierre-Louis.
Aubry, Jean-François.
Audebert, Jean.
Audiot, François-Asargne.
Audra.
Audry.
Audry de Puiraveau.
Augé, Placide-Antoine.
Augé, Louis.
Auger, Charles.
Auger, Magloire.
Aulard, Pierre.
Aussude, Luc.-Louis-J.-Marie.
Avenel, Denis-Louis.
Aylies, Raymond.
Azéma, Louis-Alexandre.

B.

Bachelet.
Bachelier, Jean-Marie.
Bacoff, Monnahon-Louis-Joseph.
Bador, Jean-Antoine.
Baduel, Louis-Henri.
Baignères, Louis-Alexandre.
Bailly, Charles.
Bailly, Etienne-Alexandre.
Bailly, Louis-Etienne.
Bailly, Julien-Auguste.
Bainconneau, Jean-Baptiste.
Balbino, Cortez.
Balla, Vincent.
Balland, Théodore.
Baltard, Victor.
Bara, Henri.
Barbaroux, Charles.
Barbet, Charles.
Barbichon, Alexandre.
Barbier, Salvador.
Barbier, Hubert-Abel.
Barbier, Nicolas-Pierre.
Barreau, Firmin.
Barreau, Antoine.

Barrère, Jean.
Barrier, Claude.
Barthe, Charles-Laurent.
Barthélemy, François-Edouard.
Barthélemy, Antoine.
Barry, Pierre-Joseph.
Barry, Pierre-Etienne.
Bastau, Clément.
Bastide, Jules.
Bastide, Auguste.
Baude, Jean-Jacques.
Baudon.
Bauduc, Benjamin-Marthe.
Bayard, Charles.
Bavoux, François-Nicolas.
Baynaud, Camille.
Bazelefrejac, Jean-François.
Bazin, Mathieu.
Beaucé, Pierre.
Beauduen, George-Etienne.
Beaufils, Jean-Baptiste.
Beaufrère, Narcisse.
Beaumont.
Beaurin, Jean-Charles.
Beauvisage, Antoine-Jean.
Beaux, Pierre.
Bechet, Louis.
Bel, Joachim.
Belhomme, Jean-François.
Bellenger, Denis.
Bellocq, Pierre-Hippolyte.
Bellu, Auguste.
Belly, Jules-Claude.
Benard.
Benoist.
Benoit.
Benoit, Jacques-Gabriel.
Beranger, Pierre-Jean.
Berard, Auguste-Simon.
Berard, Antoine.
Berens, Louis-Philippe.
Berger, Jean-Jacques.
Bernay, Philippe.
Bernard, Louis.
Berrurier, Laurent-Victor.
Berry.
Bert, Pierre-Nicolas.
Berthelin, Louis-Charles.

Berthelot, François-Nicolas.
Berthier, Charles.
Bertin, René.
Bertinot, Antoine.
Berton, Adolphe.
Bertrand, François.
Besanir, Joseph.
Besnard, Jules-Remy.
Besnard, Jean-Louis.
Besold Krenzer.
Bessas Lamegie, Auguste.
Besson, Charles-Jean.
Bicheroux, Pierre-Denis.
Bidon, Joseph.
Bienvenu, Jean.
Bietry, Laurent-Ambroise.
Bigot, Louis-Achille.
Billet, Placide-Claude.
Billard.
Billiard, Léonie-Pierre.
Biloard, François.
Binet, Pierre-Benjamin.
Bisson, Michel.
Bisson, Louis-Jean.
Bixio, Giacomo-Alexandro.
Bizet, François-Fidel.
Blaise, Jean-Baptiste.
Blampin, Etienne.
Blanc, Joseph-Antoine.
Blanc, René Jean.
Blanc, Adolphe.
Blanc, Elisabeth-François.
Blandon, Joseph.
Blanqui, Auguste-Louis.
Blet, Charlemagne.
Bloc, Charles.
Boccage, Pierre-François.
Bohain, Alexandre-Victor.
Boilletot, Nicolas-Adolphe.
Boileu, Jacques-Marie.
Boillot, Adrien.
Boinvilliers, Ernest-Eloi.
Bois, Alexandre.
Boisfremont (Leboulenger),
Carles.
Bos, Jean.
Boscher, Jean-Nicolas.
Boissage, Adolphe-Armand.

Boisset, Jacques-Marie.
Boissy, Auguste.
Boissy, Jacques-Denis.
Bompierre, Sébastien-François.
Bompart, Lucien.
Bonafous, Alexis-Jérôme.
Bonenfant.
Boniface, Augustin-Gilles.
Boniface, Nicol.-Ignace-Joseph.
Boniface, Jean-Baptiste.
Bonjean, Louis-Bernard.
Bonnard.
Bonnassiés, Louis.
Bonnemie, Victor.
Bonnin, Jean.
Bony, Claude-Victor.
Borel, François.
Borssodi, Carminatti.
Bosquet, Pierre-Joseph-Franç.
Botte, Adolphe-Jean.
Boteé.
Bottet, Franc.-Alexandre.
Boucher, Achille.
Boucher-Dugua, Nicolas.
Boucineau, Pierre.
Boucly, Théodore.
Boudeville, Charles.
Boudin, Auguste-Pierre.
Boulart, François-Eugène-Edmond.
Boulay-de-la-Meurthe, Georges-Henri.
Boullet, Damien.
Boulet, Jean-François.
Boulin, François-Dominique.
Boulade, Louis-Jean-Marie.
Boulon, Michel-Pierre.
Bourdon, Auguste-Frédéric.
Bourdon, Antoine-Florentin.
Bourgeois, Jean-Pierre.
Bourgeois, Charles.
Bourgeois, Louis-Joseph.
Bouron, Alexandre.
Boursy, Jean-Charles.
Boussuge, Henri.
Boyard, Pierre-Armand.
Boyé, Henri.
Boyenval, Marc-Louis.

Brame, Jules.
Brande, Jean.
Brandon, Léon.
Bravard.
Bredon, Bienaimé.
Bremer, Charles.
Brénillot, Claude-François.
Breymand, Abraham.
Brian, Louis-Charles.
Briand, Paul-Charles.
Bridoux, Pierre-François.
Brie, Victor.
Brissot, Louis-Saturnin.
Brivin, Jules.
Brivois, Nicolas.
Bro, Louis.
Brossard, Jacques-Claude.
Brougniart, Victor-François.
Browarnionck.
Bruillon, Jean-Baptiste.
Brun, Charles-Sébastien.
Brunet, Jean.
Brunet, Pierre.
Bruscaille, Jacques.
Buquet, Louis-Léonce.
Buquet, André-Édouard.
Bureau, Alize.
Burthe, Victor.
Bussy, Charles, François.
Buva, Félix.
Buverrier, Charles-Claude.
Buzoni, Philippe.

C.

Cadet de Gassicourt.
Cadiou, Louis.
Cassé, Paul-Louis.
Cabalyne, Louis-Joseph.
Cahours, Julbent.
Caillard, Vincent-Marc.
Cailloué, Charles-Pierre.
Camescase, Victor.
Campaignac, Jean-Antoine.
Camus, Charles-Armand.
Cana, Louis-Joseph.
Candelier, Jean-Louis.
Canne père.

2

Cantarès, Auguste-Romain.
Carnuel.
Cappé, Jean-Marie.
Caquelard, Hyacinthe.
Carbonnel, Antoine-François.
Carden, Hippolyte.
Cardinal, Bernard-Alexandre.
Cariol, Jean-Pierre.
Carleton, Newmann.
Carly, Montaigre.
Carmier, Alexandre-Joseph.
Caron, Alexandre-Charles.
Carré, Jean-Baptiste.
Carrel, Nicolas-Armand.
Carriero, Pierre.
Carton, cap. au 5ᵉ de ligne.
Casimiglia, François.
Castel, Alexis-Joseph.
Cassanac, Jean-Gustave.
Cassin, Eusèbe.
Catelier, Adolphe.
Cathala, François.
Cauchois Lemaire.
Cavaignac, Godefroy.
Cazin, Pierre-Jacques.
Cellier, Pierre-Louis.
Cellier, Edme-Nicolas.
Cerfwerl.
Chabanne, Louis-Mathieu.
Chabannier, Jean-Baptiste.
Chabaud, Barthélemy.
Chabanneau.
Chaffot, Adolphe.
Chaillard, Pierre-Alexis.
Chalas, Prosper Paul.
Chalameau, Louis.
Chambolle, Michel-Auguste.
Chambroty, Pierre-Annet.
Champet, Pierre-Romain.
Chandellier, Pierre-Louis.
Chanlaire, s.-lieut. au 5ᵉ de lig.
Chanonat, Pierre-Adolphe.
Chanut, Jean-Louis.
Champalbert, François-Désiré.
Chapart.
Chapeau, Joseph.
Champigny, Victor.
Champion, Silvain-Aimé.

Chappelier, Jean-François.
Chapuis, Michel-Marie.
Chapuis, Joseph.
Chardel.
Chardel, Pierre-Céleste.
Chareau, Paul Benjamin.
Charlemagne, Guillaume.
Charles, Claude.
Charles, Henri-Bernard.
Charles, Eugène.
Charnier, Pierre,
Charon, Jean-Charles.
Charpentier, Etienne.
Charras, Jean-Baptiste-Adolphe.
Chataigné, François-Silvestre.
Chatelain, Barthélemy.
Chatelain, René Théoph.
Chaumerot, Jean Baptiste.
Chauvin, Jules Frédéric.
Chavances, Jean Louis.
Chavain, Nicolas.
Chavois, Jean Pierre.
Chenu, Pierre Antoine.
Chercuite, Nicolas Laurent.
Chereau, Louis Paul.
Chetin, Alexandre.
Cheval, Pierre Joseph.
Chevallon, Alexandre.
Chevalier.
Chevalier, Jean Baptiste Victor.
Chevalier, Victor.
Chevillotte.
Chinardet, Charles Antoine.
Chinouffre, Charles.
Chirac, Joseph.
Chodzko, Léonard.
Cholet, Toussaint.
Choppin, Henri.
Chottin, Jean Nicolas.
Cibiel, Guillaume.
Clary Joachim.
Clauzolles, François.
Clément, Jean.
Clerk, Antoine.
Cochon, François Charles Fortuné.
Cognard, Hippolyte Jean.
Coiffier, Marie.

Colas, Nicolas.
Colin, Théodore.
Collardé, Charles.
Colléon, Antoine.
Collet, Fortuné.
Collet, Etienne.
Colombin, Teste.
Collot, Charles.
Colsoul, Jean Paul.
Combes, chef d'escadron, lanciers d'Orléans.
Condé, Louis.
Conilleau, Félix François.
Connaissant, Jean Auguste.
Constant, George Jean.
Constant, Philippe.
Constant, Lambert.
Constant, Lamarque Céles.
Coquet, Pierre François Félix.
Coqueval, Philippe.
Cordier, François Simon.
Corsin, François Théodore.
Cosnard, Louis Félix.
Coste.
Costin, Paul.
Cotignon, Charles Armand.
Cottry, Félix George.
Couché Louis Alexandre.
Coudriller, Auguste Marie.
Coulombier, Thomas.
Courroux, Desprez Franc. Michel.
Courties, Pierre-es-Liens.
Courtois, François.
Cousinard, Eugène.
Couvrechel, Jean Louis.
Crampel, Louis André.
Crépin, Eugène.
Crépin, Antoine Ronsain.
Crépin, François.
Crépin, Jules Antoine.
Cristel, Claude Victor.
Croispellier, Jacques.
Croizal, Aristide.
Cros, Jean Pierre.
Croué, Jean.
Cuillery, Dupont.
Cuvillier, Magloire.

D.

Daguère, Edouard.
Daguerre, Joseph.
Daguerre, Jean-Jacques.
Dalau, Jean-Baptiste.
Daloz, Jean-Roland.
Danger, Jean-François.
Dangers, Louis-Denis.
Daniel, Hippolyte.
Daniel, Ernest.
Danjou.
Danse, Charles-Olivier.
Dantel, Henri Adrion.
Danzé, Georges-Aimé.
Darbonnens, Joseph.
Darmaing.
Daret, François-Noel.
Dauriac, Laurent Zacharie.
Davesne, Pierre-Nicolas.
David, Benoit.
David, Pierre dit Alexandre.
Debaussaux, François Nicol.
Debay, Louis-Armand.
Debieu, Dominique.
Debosque, Jules-Pierre.
Decombes, Antoine.
Decourty, Alphonse-Louis.
Decrusy.
Degeorge, Frédéric.
Deglise, Pierre.
Degournay, Pierre-Claude.
Degoussée, François-Joseph.
Deguingatte, Edouard-Franç.
Dehays, Pierre.
Dehesdin, Gaspard-Benjamin.
Dejean.
Dejort, Arsène-Julien.
Delaborde, Alex.-Louis-Joseph
Delabruyère, Etienne-François-Brulley.
Delacombe, capitaine.
Delahaie.
Delaloi, Jacques-François.
Delamotte, Jules-Louis.
Delamotte, Denis-Marie.
Delange, Joseph-Constant.
Delanneau, Adolphe.

Delanoy, Charles-Constant.
Delanoë, Joachim.
Delaporte, Modeste-Victor.
Delarue, Jean-Vincent.
Delaruelle, Jean-Jacques.
Delaruelle, Jean Aynard.
Delard.
Delaunay.
Delaunay, Pierre François.
Delaunay, Louis François Emile.
Delaune, Philippe.
Delestre.
Delfosse.
Delhomme, Jean Baptiste.
Deligny, Jean.
Delpla, Jean Jules.
Dely, François.
Demay, François Désiré.
Demole, Jean Antoine.
Denand, Louis Gaspard.
Denis, Jérôme.
Denoyers, Henri.
Depasse, Adrien Marie.
Deruelle, Adolphe Auguste.
Desalle, Toussaint Henri.
Desaule, Jean Louis.
Desfossés, Fidèle Amant.
Desjardins, Alexandre.
Desgranchamp.,
Desgrange.
Despallieres, Valérie.
Dezprez.
Desribes.
Destaillades, Joseph Henri.
Destins, Victor.
Desobry, Louis Gabriel.
Detrimont, Nicolas Honoré.
Deval, Charles François.
Devillers Jean Baptiste.
Devaluet, Antoine, Alphonse, François.
D'Hallu, Nicolas Honorré.
D'Hubert, Eugène Antoine.
Diday, Pierre, Auguste, Henri, Maurice.
Didier, Etienne Gabriel.
Dieudonné, Jean Michel.
Divel, Armand Adolphe.

Diveling, Théodore Léon.
Dockendorff, Joseph.
Domer, François Hippolyte.
Dormoy, Ferdinand.
Doucet, Ferdinand.
Douda, Louis.
Doussaint, Dubreuil.
D'Ouvrier, Louis Antoine George.
Douvry, Pierre Jean.
Doye, Joseph.
Drapier, César Auguste.
Drouineau, Pierre Gustave.
Druet, Jean François.
Dubois, François Marie.
Dubois, Alexis Hippolyte.
Dubois, Jean Piere.
Dubois, Louis.
Dubos, Constant.
Dubosq, Louis Adolphe.
Dubochet, Jacques Julien.
Dubourg, Hugues Frédéric.
Dubrujeand, Matthieu.
Dubuisson, Alexandre.
Duchauchoix, Louis Guillaume.
Duchemin, Théophile.
Duclos, Berzy; Pierre, Louis, Joseph.
Ducrot, Hippolyte.
Dufay, Guillaume Michel.
Dufour, Louis.
Dufresne, Olivier Claude.
Dugir, Alexandre Nicolas.
Duheron, Jean Baptiste.
Dumas, Jean Louis.
Dumas, Alexandre.
Dumas, Alexandre Félix.
Dumont, Antoine Éléonore Constant.
Dumoulin, Jean-Baptiste.
Dumoulin, Evariste.
Dumoutier, Constant-Louis.
Dunoyer, Barthélemy.
Duny, Jean-Emard.
Duplessis, Jean-Baptiste.
Dupont, Albert-Léon-Jules.
Dupont.
Dupont, Jacques.
Dupré, Nicolas-Jean-Baptiste.

Duprey, François.
Durand, Edouard-Michel.
Durelly.
Duret, Antoine-Sylvain.
Durocher, dit le Petit Lyonnais.
Durot.
Duruy, Marie-Charles.
Durrain, Nicolas-Antoine.
Duseigneur.
Dussard.
Dutilleule, Henri Joseph.
Dutraignaux, François.
Duval, Zacharie-Jean.
Duverger, Louis-Camille.
Duvignaud, Pierre-Aristide.

E.

Ehrmanne, Nicolas.
Epailly, François Xavier.
Ernaux, Jean Baptiste.
Escoubé, Jacques Philippe.
Espinasse, Germain.
Etchats, Barthélémy.
Evrard, Philippe.
Expert, Henry.

F.

Fabvre.
Fabre, Hyacinte Henri.
Fabvier, Charles Nicolas.
Faconny, François.
Faivre, Jacques-Auguste.
Falcon, Pierre Charles.
Fallotte, Simon François.
Farigoulle.
Faucon.
Faudin, Pierre Charles.
Faulquier, Jean Fuleron Emile.
Fazy.
Fayolle, Alexandre François.
Felines, Adrien Benjamin.
Felmann.
Feltz, Ferrière.
Ferrand, Philippe Jules.
Ferrié, Jean.
Ferron, François Raymond.

Fillias, Pierre François.
Fillion.
Flachet, André.
Flatters.
Fleury.
Flocon, Louis Auguste.
Florion, Jean Baptiste.
Flottard, Jacques.
Floucaud, Auguste Pierre.
Follet, Noël.
Fonchain.
Fontaine, Nicolas.
Fontenay, Jean-Baptiste.
Forestier, Henri-Joseph.
Forgeot, Julies-Etienne.
Formage, Jacques-Philippe.
Fossard, Jean-Baptiste.
Fossé, Gervais-Denis.
Fossé, Tricotel.
Fossone, Michel-Jean-Joseph.
Foucault, Adolphe.
Fouillaud, François.
Fournier, Louis-Michel.
Fournier, Jean-Baptiste.
Fournier, Jean-Joseph.
Foursin, Louis-Auguste.
François, Jean-Jules.
Franque, Alfred.
Frechot, Hippolyte-Jean.
Fredelisy, Nicolas Michel.
Fremant, Jean-Edme.
Fretigny, Auguste.
Fribourg, François.
Fritz, Philippe.
Froidot, Pierre-Félix.
Fumat, Jean-Claude.

G.

Gagneur, François Joseph Frédéric.
Gaillard, Michel.
Galandrin, Pierre.
Galle.
Galerme, Constant.
Ga...
G... oïse André.
... Louis.

Gallot, Jean Nicolas.
Ganneron, Auguste Victor.
Garnier, Hernaud.-Edouard Charles.
Garnier, dit Pagès, Etienne Joseph.
Garnier, Alphonse Joseph.
Gartendy, Jean-Joseph.
Gauja, Jean Raymond.
Gauthier, François René.
Gauthier, Etienne Guillaume.
Gauthier, Pierre.
Gauche, François-Edme.
Gaumont.
Gavaret, Louis Dominique.
Gavier, Louis Charles.
Gazan.
Geibel, Antoine Benoît.
Gendarme, Jean Baptiste.
Gendrat, Jean Louis.
Genet, François.
Georgin, Pierre Louis.
Gentien, Louis Victor.
Gentil, Henry.
Gentil, Joseph Adolphe.
Genuit, Louis.
Gerard, François Théodore.
Gerard.
Germinet, Georges.
Gervais, François Guillaume.
Gibon.
Gibout, Guillaume.
Giffard, Constant.
Gillaud, Jean Antoine.
Gillard, Louis.
Gilles, Jean Désiré.
Gillet, Nillas Michel.
Girard, Jean Narcisse.
Girard.
Girard.
Girard, Pinsonnière Osythe.
Girardin fils, Prudent.
Girardin, Amable.
Giraud, Dulong François.
Giraud, Athanase Eusèbe.
Girot, Joseph Marie.
Gisquet, Henry.
Gisquet, Henry Joseph

Glinel, Etienne.
Gobert, Napoléon.
Gobin, Ferdinand Jean Baptiste.
Godron, Auguste.
Godey, Jean Baptiste.
Gondry, Joseph.
Gobin, Alexandre.
Gombert, François.
Gombert.
Gondrexon, Hippolyte.
Gondchaux, Michel.
Gonin, Jean-François.
Gonnelieu, Claude-Marie.
Gonnes, Félix.
Gosselin, Benjamin-Edouard.
Gostalla, Adolphe.
Goubet, Nicolas-Joseph.
Gougibus, Jean-Baptiste.
Gouguet, Jean-Charles.
Gournay, Alphonse-Joseph.
Gournay, d'Arnouville.
Gourbine, Jean-François.
Goutard, François.
Goy, Joseph.
Granchette.
Grandpierre.
Grange, Henry.
Gravey, Thomas-Bernardin.
Gravier, Adolphe.
Greau, Anne-Louis.
Grégoire, Jean-François.
Grégoire, Jacques-Antoine.
Gregy.
Grenier, Louis-Gilbert.
Gresilly, Lucain.
Gretard, Jean-Claude.
Greverath, Achille-Simon.
Gromel, Louis-Melorge.
Grosse Durocher, Franç.-Marie.
Grisier, Jacques-Louis.
Grun, Sébastien-Jacques.
Guedret, Antoine.
Guelfuccy, Michel.
Guenot, Pierre-Victor.
Gueny.
Guerin, Edme-François.
Guerrier, Jean-Claude.
Guessard, Jean-Jacques.

Guianchin.
Guichard, Jean-Michel.
Guillaume, Henri.
Guillaume, Achille.
Guillemant, Charles-Alexandre.
Guillemont, Alexandre.
Guilley, Jean-Baptiste.
Guillonet, Alexandre-Charles.
Guillot, Léon.
Guillotin, Prosper.
Guimbal, Guillaume.
Guinard, Joseph-Auguste.
Guitard.
Guitelle, Jacques-Charles.
Guitter, Nicolas.
Guiselain, Charles-Gabriel.
Guizard (de).
Guyet, Isidore.
Guyot, Jules.

H.

Habert, Albert-Louie.
Habillon, Dominique.
Haeberlés, Jean Baptiste.
Hamelin.
Hamelin, Louis Joseph Michel.
Hamot, Antoine.
Haneur, Louis Constant.
Hauchecorne, Louis Alexandre.
Haussemann, Nicolas-Valentin.
Haussmau, George-Eugène.
Hébert, Pierre-Jacques.
Hébert, Louis-Nicolas.
Helie, François-Joseph.
Henne, Marie-Théodore.
Henriet, Parfait.
Heneau, François-Joseph.
Henou, Constant.
Henrion, Jean-Nicolas.
Henriou, Lemasson.
Henrion.
Henri, Victor-Jean-Baptiste.
Hentz.
Hérard, Devillier-Denis-Aimé.
Herbinière, Jean.
Hertfort, François-Joseph.
Heurteaux, Antoine-Etienne.

Heurtebise, Auguste-Prosper.
Heyrauld.
Higonnet, Guillaume-Philippe.
Hindenlang, Aimé.
Hinet, Louis-François.
Hingray, Charles.
Hirne, Jean-Théodore.
Hodin, Jean-Baptiste.
Hoffmann, Alexandre.
Hoin, Pierre-François.
Hollanders, Jacques.
Homassel, Laurent-Julien.
Honoix, Jean-Baptiste.
Houssel, Jacques-Louis-Léon.
Hovelt, Pierre-Joseph.
Huart, Jean.
Huart, Jean-Baptiste.
Hubert.
Hubert, Jean-Louis.
Huet, Louis-François.
Huet, Michel-Laurent.
Hudry, Anselme.
Hugot, Joseph.
Huillard, Armand.
Huraux, Julien-Charles.
Hureau, Antoine-Abel.
Huré, Jean-Baptiste.
Husson.
Huttin, Philippe.

I.

Imbert, Jacques.

J.

Jacob, Jean-François.
Jacquemin, Achille.
Jacquet, Claude-Marie.
James, Adolphe-Hipplyte.
James, François.
Jalbert, Baptiste.
Jasseret, Eutrope.
Jaubert, Pierre-Maurice.
Javal, Léopold.
Jeanne, Eugène-Charles.
Jeantin, dit Perlé, Jules.
Jeansoum, Alexandre-Louis.

Jeanron, Philippe-Auguste.
Joanny, Pharaon.
Jobert, Antoine-Joseph.
Joffris, Pierre-Didier.
Joinville, Antoine-Edmond.
Joly.
Joly.
Jouanne, François-Victor.
Jouault, Auguste-Georges.
Joubert, Nicolas-Roch.
Jougnoux, Jean-Baptiste.
Jouve, Edouard.
Jouve, Antoine-Alexandre.
Jouvet.
Jubin, Jacques-Noël.
Jubin, Philibert.
Jubel, Thomas.
Julian, Camille.
Jussieu (de), Christophe.
Justin.
Jutin, Jean-Louis.

K.

Klam.
Krammel, Auguste.
Krausé, Charles-Armand.
Krender, Henri-Louis.

L.

Labat, Eugène.
Labillois, Charme-Jean-Bapt.
Lablanchetais.
Labrousse, Alexis.
Lacaille.
Lacombe, Etienne-Benoît.
Lacombe, Jacques.
Lacoste, Victor-Poissonnier.
Lacroix, Jean-Charles.
Lavocat.
Lafayette.
Laffitte, Jacques.
Laffitte, Jean-Baptiste.
Laffitte, Jean-Franç.-Armand.
Laffitte, Charles-Pierre.
Laffaure, Joseph.
Lafon, Pierre.

Lafond, Antoine-Narcisse.
Lafond, Auguste.
Lahollande, Louis-Auguste.
Laissac, Gustave.
Lajoanie.
Lallemand, Julien-François.
Lambert, Jérôme.
Lamel, Jacques.
Lamourre, Auguste.
Lamy, Adrien-François.
Lamy, Jean-François.
Landion, Jean-Philippe.
Lanjuinais, Victor-Ambroise.
Lanjuinais, Paul-Eugène.
Landry, Joseph.
Langlet, Charles.
Lannier, Thomas.
Lanneau, Louis.
Lannoy, Camille-François.
Laont, Toussaint-Antoine.
Laperche, Alexandre.
Laprée, Jacques-Antoine.
Laran, Hipolyte.
Laray, Georges.
Lareguy.
Larfeu, Antoine-Eugène.
Lariolle, Bernard.
Larmée, Pierre.
Lartigue, Joseph.
Las-Cases, Emmanuel-Dieudonné.
Lattier, Frédéric.
Laugier, Adolphe.
Laurent, Adolphe-Désiré.
Larive, François.
Lautour, Jean-Baptiste.
Lavaissonne, Nicolas-Pierre.
Lavandoski.
Laveleine, César.
Lavenant.
Lavergue, Jean.
Lavilletelle, Louis-Marie.
Leblanc, Louis-Joseph.
Leblanc, Joseph-Antoine.
Lebon, Louis-Charles.
Lebon, Napoléon.
Lebon, Aimé.
Leblond, Jean.

Leborne, Charles-François.
Lebœuf, Edmond.
Lebreton, Saint-Sauveur.
Lecerf, Henri-Jean.
Lechalier, Jean-Etienne.
Leclair, Jean.
Leclair, Jean-Adrien.
Leclairq, Pierre-Auguste.
Leclerc, Jacques-Louis.
Leclerc, Lis-à-Joux; Alexand.
Lecocq, Octave-Alexandre.
Lecomte, de Joigny, Louis.
Lecomte, Marin-François-Alex.
Lecomte, Louis-Etienne.
Lecomte, Eugène-Louis.
Leconte, Jean-François.
Ledoux, Jean-Baptiste.
Ledru, Louis-Charles.
Lefaucheux, Achille-Charles.
Lefebvre, Jean-Louis.
Lefèvre, Edouard-François.
Lefort, Auguste-Joseph.
Lefort, Antoine.
Lefort, Adrien.
Legallon, Henri.
Legrand, Auguste.
Legras, Louis.
Legras.
Legros, Pierre-Hippolyte.
Leguillier, Pierre-Claude.
Leharanger, Pierre-Célestin.
Lehoux, Louis-Etienne.
Lejeune, Pierre-Joseph.
Lejeune, Jean-Priane.
Lelièvre, Pierre-François.
Lelièvre.
Leleux.
Lemailler, dit Normand.
Lemaître, Nicolas.
Lemercier, Népomucène-Louis.
Lemoine, Tacherat.
Lemoine, Michel-Julien.
Lemoine, Jean-Baptiste.
Lemort, Aimé-Victor.
Lepagnol, Charles-Théodore.
Lepage, Jean-Baptiste.
Lepage, Nicolas-Sévérin.
Lepage, Charles-François.

Lepesteur, Pierre.
Lepiez, Bernardin-Charles.
Lepinet, Jacques-Guillaume.
Lepoidevin, Jean-Baptiste.
Lepreux, Jean-Félix.
Lequin, dit Derville, Jacques.
Leredde, Jean-Charles.
Leroux, Achille-René.
Leroux, Pierre-Henri.
Leroux, Marie-François.
Leroy, Jean-Louis.
Leroy, Le-Sulpice-Amable.
Leroy, Désiré.
Leroy, Guillaume.
Leserre, Charles.
Lesieur, Jacques.-Marie.
Leiseur, Pierre.
Letellier, Jean-Louis.
Letemple, Nicolas.
Letournel.
Lœuillier, François.
Leuillier, Antoine-Pierre.
Levant, Joseph-Félix.
Levasseur.
Levasseur, André-Napoléon.
Levée, Ferdinand-Adolphe.
Levêque, Charles.
Leymarie, Jean-Léonard.
Lhéritier, Louis-François.
Lhomme, Dominique.
Lhote, Jean-Nicolas.
Lhuillier, Jean-Baptiste.
Liedot, Antoine-Louis.
Lisbonne, Auguste.
Liskenne.
Littré, Maximilien.
Littré, Barthélemy.
Lizerand, Jean-Baptiste.
Lobau, (Mouton comte de).
Loizelle, Antoine-Henri.
Loison, Jules.
Lombard, Jules-Barthélemy.
Lombard, Nestor.
Lorion, Louis-Augustin.
Lormier, Louis-Félix.
Lorrain, Louis-Joseph.
Lothon, André-Charles.
Lottin, Pierre Victor.

Loubens, Gounoude-Eugène-Joseph.
Louet, Louis-Nicolas.
Lourdel, Alexandre.
Lourdeveau, Pierre-Placide.
Lory, Marcel.
Louret, Benjamin-Jules.
Lucas, Alphonse.
Lucas, Théodore.
Lucin, Jean-Etienne.
Lussan, Paul-Jean.
Lyon, Pierre-Jean.

M.

Madet, Charles.
Madden, John-Byrn.
Maës, Nicolas-Joseph.
Magistel, Antoine-Etienne.
Magniadas, Antoine.
Mahault, Jacques-Joseph.
Mahé, Théobald.
Maignaux, Félix.
Maillard.
Maine-Glatigny.
Majan, Benoît.
Malestat, Denis.
Mallet, Michel.
Malsergent, André.
Mamès.
Manalt, Pierre.
Mancel, Michel-Nicolas.
Mandrou, Auguste-Guillaume.
Mangin, Barthelemy.
Mansais, Jean-François.
Manteau, Lucien.
Marais, Jean-Baptiste.
Marchal.
Marchal, Jean-Baptiste.
Marchand.
Marjollin, Antoine.
Marie, Charles.
Marié-Duplan.
Marrast, Armand.
Mare, Achille-Homère.
Marsay, Pierre.
Marsile, Pierre-Joseph.
Martin, Frédéric.

Martin, Antoine.
Martin.
Martin, dit Chabrol, Claude.
Martin, Maillefer.
Martin-Laforest, François.
Martinon, Joseph.
Martrou, Pierre.
Marzoff, Jacques.
Marzoff.
Masbeudel, François.
Massé, Pierre-Paul.
Masson, Henry-Louis.
Massot, Théodore.
Massot, Dominique-Théophile.
Massu, Jean-Honoré.
Mathé, Félix-Antoine.
Matthieu, Pierre.
Matthieu, Jean-Baptiste.
Mathiot.
Matiron, Pierre.
Maubray, Nicolas.
Maugars, René.
Mauguin.
Maupetit.
Mauroy, Albert-Louis.
Max, Alphonse.
Mayr, Prosper.
Mayer, Joseph.
Maze, Gabriel.
Mazoyer, Jean-Vincent.
Medzier, Jacob.
Meinadier, Pierre-Jean-Ernest.
Meiniel, Jean.
Melcion, Charles.
Mendet, Auguste.
Mendet, César.
Mercier, Célestin-Joseph.
Mercier, Hippolyte.
Mergoux, Léonard-François.
Merigot, Charles-Etienne.
Merilhou, Joseph.
Merlin, Antoine.
Mery, Eugène.
Mesnard, Auguste.
Mesnidot, Casimir.
Meunier, Antoine.
Meurice, Jacques-Georges.
Meynot, Régis.

Michaux.
Michaux, Jérôme-Victor.
Micheau, Georges-François.
Michel, Jean-Isidore.
Michel, François.
Michel, Nicolas.
Michel, Charles-Louis.
Mie, Louis-Auguste.
Migette, Edouard.
Mignet, François.
Millet, Claude-Louis.
Millot, Jean-Marie.
Millot.
Millote, Louis-Emile.
Mitrèce, Isidore-Pierre.
Mikel, Jean.
Mocquant, Louis-Joseph.
Mœvus, Frédéric-Xavier.
Mobler.
Moigneau, Baptiste.
Moinery, Pierre-Emile.
Moinet, Louis-Augustin.
Moisson, Michel-Richard.
Moiton, Alexis.
Monceau, Henry-Pierre.
Monduit, Louis.
Moneuse, Lambert.
Mongin, François-Léger.
Monginot, Jean-Baptiste.
Monin, Pierre-Antoine.
Monnier, Marcel-Marie.
Montdidier, François.
Monteix.
Montègre.
Montessuy.
Monthélier.
Montrol, Pierre.
Moreau, Jean-Baptiste.
Moreau, André-Joseph.
Moreau, Jacques.
Moreau, Jean-Michel.
Moreau, Louis-Gérôme.
Moreau, Pierre-Ferdinand.
Morel, Eugène, fils.
Morel, Barthélemy.
Morel, Arsène-François.
Morey, Pierre.
Morhéry, Adolphe.

Morin, Léon.
Morin, François.
Moriset, Gabriel.
Morrius, Paul-Joseph.
Mort, François.
Motte, Isidore.
Motel, Louis-Antoine.
Moucheur, Oudard.
Mongel, Dieudonné.
Mongey, Jean-Joseph.
Monginot, François-Alphonse.
Mouillard, Pierre-Fortuné.
Mouin, Napoléon.
Mourre, Jacques-Paul.
Mourette, Auguste-Pierre.
Moussette, Paul-Benoît.
Moussu.
Moutardier, Hortense.
Moutte, Aimable-Adolphe.
Moynet, Louis-François.
Murat, François.
Mutel, Jules.
Maillard.
Nahos, Bertrand-Henry.

N

Naeff, Jean-Henri.
Nazé, Claude.
Nazon, Joseph.
Nermèle, Louis-Jean.
Netzer, Jacques.
Nicolas, Etienne.
Niogret, Auguste-Jean-Marie.
Niolet, Martin.
Noël, Michel.
Noël, Joseph.
Noël, Louis-Adrien.
Noël, Jean-Baptiste.
Noiré, Barthélemy.
Noizoit, Claude.
Noirepoudre, Paul-François.
Nourry, Jacques.
Noiseux, Charles.
Noteville, Louis-Hippolyte.
Novince, Pierre-François.
Nowack.

O

Odille, Louis.
Odillon-Barrot.
Olé, François.
Olive-Dubreuil, Jean-Baptiste.
Omon, Gabriel.
O'Reilly.
Outin, Jean-Pierre.
Ozil, Napoléon-Achille.

P.

Pacot d'Yenne, Jean-Louis.
Pagès, Louis-Antoine.
Paignard, Léopold.
Pailhès.
Paillard, Charles-Etienne.
Paillaux, Claude-Alexandre.
Palbra, Armand-Pierre.
Pampy, Léopold.
Pancaldy, Jean-Baptiste.
Panes.
Papelard, Louis-Melchior.
Paravey, Georges-Edouard.
Parchappe.
Paris, Marie-Augustin.
Parquet, Charles.
Pascault, Armand.
Passot.
Pau, Vital-Esprit.
Paul, Denis.
Paul, François.
Paulin, Nicolas-Jean-Baptiste.
Pavelac, Michel.
Pavy, Pierre-Joseph.
Pavy, Brutus-Joseph.
Payard, Pierre-Antoine.
Pébeyre, Louis.
Pecheux d'Herbinville.
Pededros, Manuel-Philippe.
Peigné, Théodore.
Pelissier, Jean.
Pellerin, Louis-Appolinaire.
Pelletier, Jean-Nicolas.
Pelvé, Alexis-François.
Penot, Eugène-Etienne.
Pepin, Théodore.
Perceval, Jean-Baptiste.
Peraldi, Antoine.
Pérès, Vincent.
Périer, Casimir.
Poissant, Carlos.
Polinot, François-Marie.
Ponsignon, Juvin.
Pont, Barthélemy.
Pontret, François.
Poque, Beauvais.
Post, Théodore.
Poubelle, Jean-Nicolas.
Pouzolz, Antoine-Prosper.
Poyen, Charles-Marie.
Pradaillier, Alexis.
Pradeilles, Victor.
Pradier, Jean-Guillaume.
Prevost, Henry-François.
Prevost, Marie.
Pretot, Victor-Nicolas.
Pinceteau, Charles-Edouard.
Prost, Eugène.
Prout, Charles-René.
Provin, Eugène.
Prudon, Eugène.
Petitain, Léon-Julien.
Peugeot, Armand-Constant.
Peux, Pierre-Silvestre.
Peysse, Jean-Louis.
Phelouzat, Joseph-Jacques.
Philippe, Pierre-Nicolas.
Piault, Marie-Pierre.
Picart, Félix.
Picart, Auguste-Amable.
Picquefeu.
Piermé, Jean-Alphonse.
Pierrat, Emeric-Simon.
Pierron, Claude-Jacques.
Pierquin.
Pignanole.
Pignol, Jean-François.
Pillet, Jean-Baptiste.
Pillet, Léon.
Pillois, Jean-Baptiste.
Pilliou.
Pilloy, Jean-Baptiste.
Pipart, Frédéric-Gustave.
Pinson, Claude.

Plagnol.
Planque, Jean-Baptiste
Plataret, Jean-Louis.
Plaut, Maurice.
Plessy, Nicolas-Constant.
Plocque, Jean-Alexandre.
Ploque, Jean-Louis.
Poifol, Pierre.
Poilliot, Denis.
Poinquier, Jacques-Athanase.
Poinsard, Charles,
Périer, Jean-André.
Périer, Michel-Ange.
Pérignon, Etienne.
Perlé, André-Théodore.
Perrandin.
Perrin, Dominique.
Personnet.
Petit, Pierre-Isidore.
Petit, Armand.
Petit, François.
Petit, Robert.
Petit, Gustave-Léon.
Petit, Dubourg.
Petit, Jean.
Petit, Jean.
Petit père, Pierre-Charles.

Q.

Quel, Joseph.
Quicerne, Antoine.
Quievrain, Marie-Philone.
Quiller, André-Claude.

R.

Ragano.
Ragon, Augustin-Gillet.
Raimond, Etienne-Sartorius.
Raspail, François-Vincent.
Rambot.
Ramel, François.
Rateau, Etienne.
Regent, Auguste.
Regnier, Alexandre.
Rejon, Philippe-Auguste.
Remand, Antoine.
Remay, Pierre-Vincent.

Remusat (de). Charles
Remy, Pierre-Charles.
Renée, Amédée-Lambert.
Renette, Albert-Pierre.
Renault, Jacques-Louis.
Renon, François.
Renou, Jean-Baptiste.
Renouard, Hypolite.
Requier, Jean-Edouard.
Reveillon, Charles-Nicolas.
Rey, Jean-Marie.
Raynoud, François-Léonce.
Ribancourt, Louis.
Richard, Pierre-Nicolas.
Richard, Antoine.
Richard, Claude-Victor.
Richard, Utinel.
Richemont, Pierre-Marie.
Richoux, Adrien-Achille.
Rigaut, Adolphe-Henry.
Rittiez, François.
Raboulin, Claude.
Ricateau, Alexandre.
Robinet, Stéphane.
Roblin, Louis-Simon.
Rocmort, Jean-Victor.
Roehrig, Philippe.
Roger, Alphonse.
Roger.
Roquin, Louis-Hypolite.
Rohault, Louis-Jules.
Rolle. Hippolyte
Rollet, François-Marie.
Rollin, Jean-Baptiste.
Rondeleux, Paul-Claude.
Ronjeac, Gervais.
Roqueplan, Louis-Victor.
Roques, Pierre.
Rosse, Séraphin.
Rosselet, Jean-Baptiste.
Rossy, Jean-Augustin.
Roubaud, Nicolas.
Rouelle, Louis.
Rouge, Pierre-Louis.
Rougeau, Claude.
Rougier, Léonard.
Rouillon, Jean-Pierre.
Roujoux, Prudent-Guillaume.

Rouillet, Etienne.
Rouillot, Denis.
Rousseau, Jean-Pierre.
Rousseau, Louis-Marie.
Rousselet, Claude-Martin.
Rousselle, Nicolas-Louis.
Rousset-Poumaret, Félix-Gabr.
Roustan, Alphonse.
Rouen, Alphonse.
Rouveur, Casimir.
Roux, Hypolite.
Roy, Augustin-Victor.
Royer.
Roze, Jean Baptiste.
Rudler, François-Xavier.
Ruelle, Philippe.
Rufs, Paul-Etienne.

S.

Saché, François.
Saint-Alary, Eugène.
Saint-Martin, Gabriel.
Saint-Ouen-Urguet, Marie.
Saint-Romain, Pierre.
Sanson, Modeste.
Sappey, Victor-Pierre.
Sard, Joseph-Louis.
Sradouin, Auguste.
Sarrans jeune.
Saulnier, Charles-Pierre.
Sauvey.
Savalette, Isidore-Paulin.
Sazias, Daniel.
Scelle, Louis-Victor.
Scellier, Alexandre.
Schangrun.
Schouen, Augustin.
Schopp, Jacob-Hoefer.
Schrimpton.
Schwaertzel, Jérôme.
Schwilgué, Sébastien.
Sebire dit Beaupré.
Sebire, François.
Sechant, Charles.
Sellier père, Louis.
Sellier, Alexandre.
Senèca, Achille-Henry.

Senegon, Alphonse.
Senty.
Serefonteyne, Pierre-Franç.
Serry, Grillerdet-Marie-Franç.-Jules.
Setier, Louis-Paschal.
Sevrain, Georges.
Sexe, Alexandre-Joseph.
Sexe, Jean-Baptiste.
Schwartz, Laurent.
Sibuet, Jacques-Jean.
Sigaud, Luc.
Simon, Marie-Auguste.
Simon, Jean-Antoine.
Solignac, Napoléon.
Soucherat, Franç.-Hypolite.
Souchet, Pierre-Michel.
Soulié, Frédéric-Melchior.
Soulier, Lalande-Jean-Baptiste.
Soupe, Charles-Georges.
Stuart, Cooper Aben.
Stoffel.
Suisser, Joseph.
Sully, Charles.
Susanne, Louis.

T.

Tacherat, François.
Taffin, Jacques-Nicolas.
Talour, Barthélemy.
Tamant, Auguste.
Tamissier, François-Laurent.
Tappé, Gérard.
Tard, Honoré-Victor.
Tardieu, Pierre.
Tarin, Léon.
Taschereau, Jules-Antoine.
Tavernier, Claude-Joseph.
Teysseire, Saint-Marc.
Tetu, Jean-François.
Terrier, Joseph-Jean-Marie.
Terrier, Marie.
Testard, Charles.
Teste, Charles.
Than, Jean-Léonard.
Thery, Marie-Pierre.
Thevelin, Pierre-François.

Thibault, Jean-Baptiste.
Thiebault, Melchior.
Thiellement, Pierre-Louis.
Thiers.
Thierry, Charles.
Thierry, Antoine-Didier.
Thierry, Rhiphée.
Thomas.
Thomas.
Thomeret, Pierre-Nicolas.
Thomeret, Nicolas-André.
Thomin, Jean.
Thorette, Jean-Joseph.
Thoyot, Jean-Joseph.
Tinthion, Jean-Jacques.
Tirbac, Bernard.
Tissandier, Joseph.
Tisserand.
Tocque, François.
Toirac, Pierre-Guillaume.
Tonnet, Renaud-Olive.
Tottel, Michel.
Tourelle.
Tourzel.
Toussaint, Joseph.
Toussenel, Théodore.
Trelat, Ulysse.
Tremblet.
Treuille de Beaulieu, Marc.
Tribout, Jean.
Trindon, Théodore.
Troussel, Jacques.
Trouvé, Charles-Antoine.
Tructin, François-Auguste.
Truck, Charles-Ferdinand.
Truelle, Alphonse.
Truelle.
Turgot.
Turpin, Louis-Victor.

V.

Vaillant.
Vaillant.
Vaillé, Charles Nicolas.
Valentin de Lapelouze.
Valicon, Jean-Philippe.
Valto, Jacques.

Vauborre, Léonard.
Vanderlinden.
Vazelle, Georges.
Varin, Denis-Honoré.
Vassal, Alexandre.
Vasson, Thomas.
Vaucher, Alexandre.
Vaur, Jean-Pierre.
Vavasseur, Constant.
Vayron, François.
Verdavaine, Alphonse.
Veronet, Charles.
Verenet, Emile.
Verger, Guillaume-Jules.
Verillon, Gilbert-Napoléon.
Verillon, Jacques-Jérôme.
Vernon, Edouard.
Vernon, Théobald.
Veron, Jean-Antoine.
Versigny, François.
Versigny Napoléon.
Vervoort, Charles-Henri.
Vey, Jean-Louis.
Vezy.
Veyrassas, Etienne-Jean.
Viaux, François.
Vicaire, Michel.
Vicard.
Vicini, Joseph-Albert.
Vidal, François.
Videcoq, Joseph-Albert.
Viel, Louis-Napoléon.
Viger, Henri-François.
Vignard, Joseph.
Vignet.
Villecoq, Thomas-François.
Villemonte, Lucien.
Villeret, Claude-Napoléon.
Vileret, Antoine Medéric.
Vilquint, Jean-Baptiste.
Vincent, Philippe-Charles.
Vincent, Pierre-Cherie.
Vincent, Pierre.
Vincent, Antoine.
Violard, François-Léon.
Visinet, Auguste-Théodore.
Vitry, Pierre-Hypolite.
Vitte, Joseph-Marie.

Vogin, Pierre-Auguste.
Voisin, Jean-Charles.
Volchengen, Louis.

W.

Wallon, Hypolite.
Watteville, Adolphe.
Widmer, Jules.
Wiesser.
Winter, François-Joseph.

Y.

Yautiet, Jean-Baptiste.
Yon, Adolphe.

Z.

Zeiler, Antoine-Jacques.
Zimmar, Joseph.

ORDONNANCE DU ROI.

LOUIS-PHILIPPE, Roi des Français,

A tous présens et à venir, salut.

Vu la liste supplémentaire et définitive de désignations dressée par la commission des récompenses nationales, des citoyens de Paris et de la banlieue, qu'elle a jugés dignes de recevoir la Croix de Juillet.

Sur le rapport de notre ministre secrétaire-d'état de l'intérieur,

Nous avons ordonné et ordonnons ce qui suit :

Art. 1er. La Croix de Juillet sera décernée aux citoyens de Paris et de la banlieue, compris dans l'état nominatif difinitivement clos et arrêté par notre ministre secrétaire-d'état de l'intérieur, et annexé à la présente ordonnance.

2. Notre président du conseil, ministre secrétaire-d'état de l'intérieur, est chargé de l'exécution de la présente ordonnance.

Donné à Paris, le 13 mai 1831.

LOUIS-PHILIPPE.

Par le Roi :
Le président du conseil, ministre secrétaire-
d'état au département de l'intérieur.

CASIMIR PÉRIER.

Etat supplémentaire et définitif des citoyens auxquels sera décernée la Croix de Juillet, instituée par la loi du 13 décembre 1830 sur les récompenses nationales.

Alexis, Henri Guill. Marie.
Anfoso, Dominique François.
Arnault, Etienne Pierre.

Bacquet, Jean-Baptiste.
Baquet.
Barthe, Félix.
Barthélemy, St-Hilaire Jules.
Baudry, Joseph.
Bazin, Pierre Bapt. Michel.
Beaucourt, Jacques André.
Beaunay, Gustave Marie Joseph-Aimé.
Benigne, Auguste.
Bernard de Rennes, Louis Désiré.
Berteloitte, Henri Louis.
Besuchet, Charles Samuel.
Beton, Edouard François.
Bigi, Charles.
Binet, Augustin.
Bissette-Cyrille, Charles Aug.
Boniface, Aimé Napoléon.
Boniface, Louis Napoléon.
Bouchard, Antoine Marie.
Boué, Jean Baptiste.
Bourlois, Alphonse Joseph.
Bousserand.
Brunot, Pierre.

Caignet, Alphonse.
Carlier, Franç. Fél. Gust. Cornél.
Caron, Jules.
Cauchard, Jean Louis.
César, Louis Bienvenu.
Chaulin, Charles Henri.
Chauvin, Charles Pierre.
Chauvin, Charles Edouard.
Chenu-Duperron.
Choisi, François.
Chossegros, Dominique.
Colin, Georges Marie.

Collin.
Collot, Jean-Baptiste.
Correa, François-Borghia.
Coulon.
Cuvillier, Nicolas Sébastien.

Danliou.
Dauteroche, François.
Davet, Felix.
Delanglard, Marie Edouard.
Deleuil, Joseph Louis.
Desplas, Joseph Sébastien.
Devoir, Lucien Victor Louis.
Devouard.
Dionis, Emmanuel Jean Louis
Doneaud, Alexandre.
Dorange, Jean Franç. Joseph.
Dubrat, Claude François.
Duchesne.
Ducros, Frédéric.
Dumont, Jean Victor.
Dumoutier, Narcisse.
Dupuis, Melchior Amédée.

Edeline, Louis.

Favereau.
Fayol, Joseph.
Feburier.
Ferlet, Marie Thomas.
Fleury.
Fort, Isidore.
Fortoul, Jean-Baptiste.
Fourgue.
Froussard.

Gachet, Jean Marie.
Gaillardet, Jean-Bapt. Théod.
Gallias.
Garcin, Joseph.
Garry, Jean.

Germain, Gabriel Achille.
Goujou, Pierre Léopold.
Grandjean, Nicolas.
Grau de St-Vincent, Antoine Jean-Baptiste Michel.
Gravet.
Grosjean, Abdon Henri.
Grostière, Armand.
Grouvelle, Philippe.
Grumellet, Jean-Baptiste.
Guichard, Dominique.
Guillemot, Hercule.
Gueuble, Hippolyte.

Henry, Pierre.

Imbault, Louis Gentil Amand.

Jacoubet, Simon.
Jalabert.
Joannès, Jean.
Jorry, Sébast. Louis Gabriel.
Judet.

Labbey de Pompières, Guillaume Xavier.
Laberge.
Labouré, Joseph.
Laffanour, Alexis.
Lagarde.
Lair, Nicolas Florent.
Lançon, François.
Lanternier, Jean Henri.
Larray père, Jean Dominique.
Lavabit.
Laverdant, Gabriel Désiré.
Lavollée.
Lebel.
Leclerc.
Le Conte, Henri.
Lecoq, Hippolyte.
Lefèvre, Etienne.
Lefort, Jean François.
Legras, Louis Henri Pelage.
Lelièvre, Victor Louis Jacques.
Lévêque, Charles.
Lhéric, Brunswick.
Loyet, Eugène.

Lupin, Auguste.

Maillard, Philippe.
Manteau, Louis François.
Mantoux, Etienne.
Manu, Louis Joseph.
Marjolin, Antoine.
Martin, Joseph Civy Ferdinand.
Mianné, St.-Firmin Jules Franç.
Michaut.
Milbert, Jean Ange Edouard.
Minoret, Pierre Alfred.
Moreau, Louis.
Moreau, Jean Louis.

Odieuvre, Louis Jean.
Oyon, Jean Marie Emile.

Pagel, Jean-Baptiste.
Pajol, Pierre.
Paumier.
Pauvret, Bouis François.
Payen, Anselme.
Petel, Honoré Delphin.
Petiffour.
Picard, François Antoine.
Pinette, Joseph.
Prevost, Jacques.

Quinette, Théodore Martin, baron de Richemont.

Raffin-Duchenoy, Anatole.
Ragon, Jean Jacques Michel.
Riglet.
Robert fils aîné.
Rochriq, Philippe.
Rollet.
Rostan.
Rouhier, Benjamen.
Roujoux.
Rouloy, René.

Salel, Hippolyte.
Samyn, Jean Joseph.
Saunier fils.
Sentis, Louis François.
Servatius, Mathias.

Tellier, Charles.
Tessier Delamotte.
Tissier, Salomon.
Tondut, Bernard Pascal.
Treilhard, Achille Libéral.
Tremblaire, Marie Franç. Urb.
Tripier, Etienne.

Trodoux, Léon Sylvain.

Vassal, Jacques Claude Roman.
Viger Devarennes, Jules.
Violette.

Woll, Léonard.

LOUIS-PHILIPPE, Roi des Français,

A tous présens et à venir, salut.

Vu la loi du 13 décembre 1830,

Sur le rapport de notre ministre secrétaire-d'état de l'intérieur,

Nous avons ordonné et ordonnons ce qui suit :

Art. 1er. La médaille instituée par la loi du 13 décembre 1830, à décerner aux citoyens qui se sont distingués dans les glorieuses journées de juillet, représentera le coq gaulois entouré d'une couronne de chêne, avec cette inscription : *A ses défenseurs la patrie reconnaissante ;* au revers, trois couronnes de lauriers entrelacées, avec cette légende : 27, 28, 29 *juillet 1830, Patrie, Liberté* ; et pour exergue, ces mots : *Donné par le Roi des Français.*

2. La médaille pourra être portée, et dans ce cas, elle devra être suspendue à un ruban tricolore.

3. Notre ministre secrétaire-d'état de l'intérieur est chargé de l'exécution de la présente ordonnance.

Donné au Palais-Royal, le 13 mai 1831.

LOUIS-PHLIPPE.

Par le Roi :
Le président du conseil, ministre secrétaire-d'état de l'intérieur,

Casimir Périer.

ORDONNANCE DU ROI.

LOUIS-PHILIPPE, Roi des Français,
A tous présens et à venir, salut.

Vu la loi du 13 décembre 1830,

Vu nos ordonnances du 30 avril 1831, et celles de ce jour relatives à la Croix de Juillet et aux citoyens qui ont mérité d'en être décorés;

Sur le rapport de notre ministre secrétaire-d'état au département de l'intérieur,

Considérant que des délais inévitables dans la distribution des Croix du Juillet, seraient le résultat des nouvelles et dernières désignations que la commission des récompenses nationales vient de soumettre à notre approbation; qu'en outre la commission ne nous a pas encore présenté, et n'a pu encore arrêter la liste générale des citoyens à désigner pour recevoir la médaille.

Voulant cependant que, parmi les citoyens qui ont mérité de recevoir ces récompenses nationales, ceux dont les noms sont déjà compris aux listes par nous approuvées, ne souffrent point de plus longs retards.

Nous avons ordonné et ordonnons ce qui suit :

Art. 1er. MM. les maires des douze arrondissemens de Paris, ainsi que MM. les sous-préfets de Sceaux et de Saint-Denis, convoqués à la revue de dimanche prochain 15 mai, recevront solennellement de nos mains les modèles des Croix et des médailles de Juillet, à délivrer ultérieurement et en notre nom, aux citoyens que la commission des récompenses nationales a désignés pour recevoir ces distinctions.

2. Notre ministre secrétaire-d'état au département de l'intérieur fera remettre successivement, et dans le plus court délai possible, au siége de chaque mairie le nombre de croix et de médailles qu'il y aura lieu à délivrer aux titulaires de la circonscription de chaque arrondissement.

3. Aussitôt que MM. les maires ou sous-préfets auront reçu les croix et les brevets signés de nous, ils convoqueront, nominativement, pour les leur distribuer, les citoyens auxquels ils appartiennent, et que, pour cette distribution, MM. les maires sont appelés à

représenter dans la cérémonie solennelle de dimanche prochain 15 mai.

4. En attendant qu'il ait pu être procédé aux distributions de croix et de brevets, conformément à l'article 3 ci-dessus, tous les citoyens dont les noms sont compris dans les listes actuellement rendues officielles, pourront, aussitôt après leur prestation de serment sur les registres ouverts à cet effet aux mairies, dès le 16 de ce mois, porter le ruban, conformément au modèle réglé par notre ordonnance du 30 avril.

5. Notre ministre secrétaire-d'état de l'intérieur est chargé de l'exécution de la présente ordonnance.

Donné au Palais-Royal, le 13 mai 1831.

LOUIS-PHILIPPE.

Par le Roi :
Le président du conseil, ministre secrétaire-d'état au département de l'intérieur.

Casimir Périer.

ÉTAT NOMINATIF

Des citoyens auxquels sera décernée la Médaille constituée par la loi du 13 décembre 1830, sur les récompenses nationales.

A.

Abriany, Louis-Silvain.
Aclocque, Pierre.
Adam, Jean-Louis.
Adam, Nicolas-Pierre.
Adam.
Adam, Henri.
Adelon, Frédéric-Jean.
Adolphe, Louis.
Adrien.
Agron, François-Eugène.
Alain.
Alary, Augustin-Armand.
Alatienne, Gilbert.

Alban, Claude.
Alban fils, Claude-Joseph-Jacques.
Albert, Jean-François.
Alboire, Victor-Guillaume.
Alcan, Michel.
Alexandre, Jacques.
Alexandre, Charles.
Alexandre, Henry.
Alibert, François.
Alis, Jean-Pierre.
Allaignon, Pierre-Germain.
Allain, Jean-Auguste-Isidore.
Allamand, Jules-César.
Allard, Jean-Maurice.

Allier, Jacques-Charles-François.
Alliet, Jean.
Almèse, Amédée.
Alory.
Alphonséca, Constantin.
Alrig, Pierre.
Amal.
Amand, Joseph.
Ameilhau, Charmensac.
Amiot.
Amphoux, Jean.
Audin, Jacques.
André, Prudent-Jean-François.
André, Michel-Charles.
André, Paul.
André.
André, Jacques-Claude-Joseph.
André, Marie-Joseph.
André, Pierre-Louis.
André, Jacques-Frédéric.
André, Etienne.
Andriel.
Andriot, Jean-François.
Andryane de la Chapelle.
Angellier, Louis-Joseph.
Angot, Alphonse.
Angot, Alphonse.
Angolevent, Louis-Eléonore.
Anquetin, François.
Ansard, Cyrille-Joseph.
Anselin, Jean-Barthélemy.
Anspach, Philippe-Louis.
Antelmy.
Antoine (mlle), Aimée-Françoise.
Antoine, Michel-Louis.
Antoine, Louis.
Antomarchi, François.
Argot.
Armand.
Armand, Laurent.
Arnoult-Tisserond, dit *Arnould*, *François-Victor*.
Arnould, Pierre-Joseph.
Arnould, Jacquemin.
Arnould, Paul-Virginie.
Arrauld, Henry.

Arretz, Joseph.
Arribat, Jean-Baptiste.
Artauce, François.
Artreux, Pierre-Jean-Baptiste-Auguste.
Artus, François-Mathurin.
Asda, Auguste-Victor.
Asperge, Henry.
Asselineau, Joseph.
Asselimeau, Hippolyte-Alexis.
Aubert, Marie-Franç.-Hubert.
Aubert, Jean.
Aubert, Louis-François.
Aubertin, Jean.
Aubin, Amand.
Aubry, Guillaume.
Audigé.
Audinet, Jean-Nicolas.
Audrien, Jean-Baptiste.
Audry, Charles-Stanislas-Joseph.
Augé, Paul-Désiré.
Augier, Louis-Hippolyte.
Augier, Louis-Hippolyte.
Augrand, Louis-Victor-Désiré.
Aulard père, Louis Joseph.
Aulin, Jean-Auguste.
Aumont, Marie, dit *Joseph Bonaventure*.
Auvrard, né Gaudin Césarine.
Auvray.
Auvray, Louis-Antoine.
Auzolle, Pierre.
Avril, Félix-Gustave.

B.

Baba, Philippe.
Bachelard, Florent.
Bachelier, Pierre-Prosper.
Bachelot, Jean-Baptiste-Noël-Nicolas.
Badeur, Xavier.
Badieu, Adrien.
Badou, Nicolas.
Bagniol, Thiers.
Bailly, Joseph-Eleuther.
Bailly, Jacques-François.

Bailly, Charles.
Bailly, Charles-Louis-François.
Bailly, Louis-Antoine.
Baisson, François.
Balheux.
Baliguer, François.
Balle, Guillaume-Marie.
Balmet, Réné.
Balzac, (Made.)
Banquesne, Jean-Baptiste.
Baouzet, Joseph.
Baptiste, Charles-Joseph.
Barabé, Marie-Jean-Amand.
Barathe, Hippolyte.
Barat.
Barbeau, Pierre-Etienne.
Barbeau (Mad.), Joséphine-Marie Saillot.
Barbot, Jean-Marie-Julien.
Barbier, Jean-Baptiste.
Barbier, Aristide.
Barbier, Charles-Laurent.
Barbier, François-Léonard.
Barbier, Gabriel-Alexandre.
Barbier, Hippolyte-Pierre.
Barbier, Antoine-Victor-Pierre.
Bardet.
Bardon, Jean-Baptiste.
Barbon, Pierre.
Bardoux, Louis-Charles.
Barginet, Alexandre.
Baribaut, Jean-Louis.
Baric (mad), Louise-Uranie.
Bariot.
Barm de Moriès.
Barnicaud, Antoine-Félix.
Barnier, Jean-Baptiste.
Barra, François.
Barré, Jean-Joseph-Josse.
Barret, Claude-Théodore.
Barret, Melchior.
Barrère, Antoine.
Barrière, Jean-François.
Barrois (Mlle), Amélie.
Barroux, Charles.
Barthason, Joseph.
Barthe, Joseph.
Barthélemy, Jean-Jacques.

Barthélemy,
Barthélemy, Antoine-Auguste.
Barthez.
Barthez, François.
Basset.
Basson.
Bassoy, Louis-Auguste.
Bastien, Jean-Charles.
Bastien, Charles.
Batavez, Pierre-Joseph.
Bathold, Antoine.
Batrave, Jean-Jacques.
Bauche.
Baud, Louis.
Baudoin, Louis-Noël.
Baudouin, Michel-Philippe-Noël.
Baumes, Jean-Antoine-Sébastien.
Baussieu, Jacques.
Baurez, Noël.
Bayer.
Bayeul, François-Casimir.
Bayon, Jean.
Bazière.
Bazin, Joachim-Théodore.
Beaucertain, François.
Beaud.
Beaudet, Jean-Baptiste.
Beaudinaud, Jean.
Beaudouin, Charles.
Beauferey, Jean-Louis.
Beaufils, Jean-Baptiste.
Beaufils, Pierre-Philippe.
Beaufils, Antoine-Amand.
Beaumgarten, André-Gustave-Adolphe.
Beauregard, (de), Paul-Edouard.
Beauregard, Jean-Marie.
Beauvais, Jacques-André.
Beauvais, Nicolas.
Beausse, Michel-Louis.
Beauvalet.
Béchard, Jean-Charles-Auguste.
Bécher, Tell.
Becker, Guillaume.

Bécriaux, Jean-Marie.
Bégue, Pierre-Charles-Léon.
Beguin, Antoine-Maurice-Théodore.
Béguin, Emmanuel.
Behem, Jean-Nicolas.
Bel, Pierre.
Belcour, François-Polidor.
Bellair, Hubert.
Bellanger, Jean-Jacques.
Bellanger, Marie-Jean-Amand.
Bellardel.
Bellat, Mathieu.
Bellay, Vincent-Joseph.
Belleau, Léon-Marc-Jérôme.
Bellessort, Achille.
Bellicat, Abraham.
Belloir, Auguste.
Belmont, Jacques-Marie.
Belmont, Auguste.
Belmont père.
Belorgé, Louis.
Belou, Marie-Thomas-Adrien-Jean.
Bemer, Pierre.
Benard, baron de Coursigny.
Benard, Christophe.
Bénard, Pierre-Dominique.
Benard, Pierre-Maurice.
Bénard, Hyacinthe.
Benazet, Pierre.
Bénoît, Joseph-Jules.
Benoît, Julien.
Benoît, Jacques-Henri.
Bennis, Georges-Geary.
Berraud, Antoine-Nicolas.
Berré, Alphonse.
Berrét, Jean.
Bergasse.
Berger, Romain.
Berger, Philippe-François.
Berger, Joseph.
Berger, Jacques, dit Poetvin.
Berger, Claude.
Berger, Pierre-Louis-Annet.
Bergeron, Pierre-Paul-Jean.
Beryen, Huilen Van.
Bermont, Jean-Pierre.

Bernard, Alphonse-Hipolyte.
Bernard, Claude.
Bernard.
Bernard, Victor.
Bernard, Philibert.
Bernard Galliat.
Berne, Léon.
Berne, Gaspard-Antoine.
Bernier, Maurice-Florent.
Bernier, Pierre.
Bernus, Denis-Marie.
Berrié-Fontaine.
Berrier, Font.-Camille-Louis.
Bertambois, Louis.
Bertan, Ambroise.
Bertaud, Antoine.
Berthelot, Jacques-Martin.
Berthelotte, Claude-Clément.
Berthier, Jean-Joseph.
Berthier, Jean-Marie-François.
Berthier, Auguste.
Berthiot.
Bertin, Canivel-Louis-Victor-Jean.
Bertin, François-Atoine-Materne.
Bertin, François.
Bertrand, Pierre-Jean-Baptiste.
Bertrand, Jean-Baptiste.
Bertrand, François.
Bertrand, Pierre.
Bertrand, Stanislas.
Besnard, Jean-Baptiste-Christophe.
Besnard, Nicolas-Abraham.
Besse, Pierre.
Bessières, Auguste.
Besson, Alphonse.
Bestom.
Bethune.
Beury, Alexandre-Etienne.
Beutteux, Jean-André.
Beuzelin, Victor-Jean.
Beneyton, Joseph.
Bezanzer, Jean-Jacques-Marie.
Bezian.
Bezout, Léon.
Biard, Théodore-Paul.

Bichard, Louis-Cloud.
Biczèr, Nicolas.
Bidan, Pierre-Marie-Philippe.
Bidant, Léon.
Bidollet, François-Paul.
Bidoux.
Bienloin, Emile-Adrien.
Biesta, Hippolyte Guillaume.
-Bigot, Guillaume.
Bigot, Joseph.
Bigot, Jean-René.
Bildé, Antoine.
Bilfeldt.
Bilfeld, Jean-Joseph.
Billette, Jean-Baptiste.
Biner, Nicolas.
Binet, Michel.
Binet, Pierre-François.
Binet, Jacques.
Binet, Louis-Emmanuel-Barthe.
Binot, Jean-Mathieu.
Bion, Jean.
Biot, Nicolas.
Biron, de V.
Bisson, Eugène-Louis.
Bivert, Jean-Baptiste.
Bizeau, Médard-Isidore.
Blache, Joseph-Virgile.
Blaireau, Polycarpe.
Blanc, Joseph.
Blanc.
Blanc, Sébastien
Blanc, Jean.
Blanchard, Jean-François.
Blanchard, Charles.
Blanchard, Jean-Baptiste.
Blanchier, Charles-Alexandre.
Blas, Nicolas.
Blaise, Christophe.
Blaise, Louis.
Blasmer, François.
Bleton.
Blondeau, Jean-Jules.
Blondeau, Jean.
Blondin, Léonard.
Bloque, Nicolas.
Blot, Pierre-Louis.
Blot, Louis.

Blot, Alexis-François.
Blotandin, François.
Bobin, Athanase.
Bocheron, Léon-Joseph.
Bocquet, Xavier-Joseph.
Bodeau, Félix.
Bodelet, Antoine.
Bodin, Eugène.
Bodu Pierre.
Boeildieux, Jean-Achille-Germain.
Boggio, Martin-Antoine.
Boimy, François-Marie.
Boirard, Jean-François.
Bois, Louis.
Bois, François.
Boisseau, Jacques-Clément.
Boisseau, Jacques-Messidor.
Boisselet, Charles-Alexandre.
Boissonnade.
Boissy, Henry.
Boisnay, Julien.
Boiteux, Charles-Julien.
Boizard, Edme-Léger.
Bolthène, Pierre.
Bommy, Ferdinand.
Boudet.
Bonhomme, Hippolyte-Gabriel.
Bonhommé, Ignace.
Bonnaventure, Pierre-Louis.
Bonnaventure, Jean-Jacques.
Bonnard, Louis-Guillaume.
Bonnassis aîné, François.
Bonnassis, Antoine.
Bonnand, Jean-Claude.
Bonnazzy, François-Marie Louis.
Bonneau, Antoine-Théophile.
Bonneau (Desroches), Louis.
Bonneau, Alexandre.
Bonnefond, Jean-Baptiste.
Bonnefoy, Pierre-Victor.
Bonnelier.
Bonnet, Virgile.
Bonnet, Jacques-Isidore.
Bonnet, Jacques-Louis.
Bonnet, Charles.
Bonnetaud, Pierre.
Bonneville, Louis-Antoine.

Bonnetet, Victor-Armand.
Bonnheur, Jean-Baptiste.
Bonnie, Bertrand.
Bonnin, Jean-François.
Bonny, Louis-Victor.
Bontemps, Clément.
Boquet, Louis-Joseph.
Boquet, Louis-Aimé.
Boquin.
Bordenet, Joseph-Hyppolyte-Charles.
Bordenet, Bénigne.
Bordes, Pierre-Paul-Emile.
Bordes, Charles-Edouard.
Bordinks, Joseph-Louis-Laurent.
Borgmann, François-Joseph.
Borel, Jean-Joseph.
Borelrogat.
Borgnat-Humbert, Jean-Baptiste-Charles.
Borgne, Louis-Lambert.
Borne.
Bornet, Auguste-Jean.
Borot, Armand.
Bottu, Louis-Policarpe.
Boscher-Duplessis.
Bosseler, Nicolas.
Bossière, Edouard.
Bossion, André-Jacques.
Bossion.
Bottmer, Georges.
Bou, Jean.
Bouchaud, Michel.
Bouchaud, Michel.
Bouchaud, Hugues-François.
Bouche, Jules-César-Aug.
Bouché, Achille-Paul.
Boucher, Appe.
Bouchenet, François-Paul-Théodore-Jacob.
Boucherie, Charles-Louis.
Boucher, Michel.
Boucher, Charles-Etienne.
Boucher.
Boucher, Michel-Pierre.
Boucher, Marie-Michel.
Boucheron, Jean-Bapt.-Claude.
Boucheron, Jean-Baptiste.

Bouchez, Joseph-François.
Boucot, Lise.
Boucot, Jean-Marie.
Boudeville.
Boudin, Charles-Hildevert.
Boudin, François.
Boudin, Charles-Victor.
Boudin, Louis-François.
Boudin.
Boudousquié.
Bouffay, Louis.
Bouger, Adolphe-Emile.
Bouillant, Julien-Alexandre-Désiré.
Boulanger, Marie.
Boulanger, Jean-Clément-Athanase.
Boullais, Alphonse-Joseph.
Boulard, Elie-Nicolas-Germain.
Boulay-Paly, Evariste.
Boulay, Séverin-Constant.
Boulay, Jean-François-Joseph.
Boulay de la Meurthe, Jean-François-Joseph.
Boulfroy, François-Joseph.
Boullée, Marie-Messidor.
Boulet, Louis-Joseph.
Boulouse.
Bouquerelles, Pierre-Nicolas.
Bouquet, Ferdinand.
Bour, Etienne.
Bour Saint-Méry, François.
Bourbion (Mlle), Julie.
Bourdeaux.
Bourderon, Prudent-Yves-François.
Bourdet, Antoine-Charles.
Bourdel, Louis-Léon.
Bourdillon, François-Jos.-David.
Bourdin, Georges-Achille.
Bourdon, François.
Bourdon.
Bourgaux, Jean-Baptiste.
Bourgeois, Jacques-Michel.
Bourgeois.
Bourgeois de Moleron.
Bourgeois, Charles-Hippolyte.
Bourgeon, Auguste.

Bourgogne, Antoine.
Bourgogne, Prosper.
Bourlier fils, Joseph.
Bourlier, Jean-Lazarre.
Bournhonnet, André.
Bournhonnet, Narcisse-Théoph.
Bourriez, Léopold-Denis-Jean.
Bourru, Auguste.
Boursier, Achille-Louis-Félix.
Boursier, Charles-Paul.
Boussiard, Louis.
Boussuge, Guillaume.
Boutarelle.
Boutevilain, Antoine.
Bouteville, Marc-Lucien.
Boutalle, Achille-Julien.
Boutreux, Jean-Baptiste.
Bouvereau, Etienne.
Bouvier, Simon-Marie.
Bouvier, Benoît-Marie.
Bouvier, Joseph.
Bouvier, François-Simon.
Bouvier François.
Bouvray Charles.
Boyaud, Louis.
Boyer, Louis.
Brabant, François.
Bradley, Biron.
Brahat, Antoine.
Branchard, Pierre-François.
Branchard, François-Thomas.
Brandebourg, François.
Brandt, Adelaïde-Sophie.
Brasseur, Jean-Louis-Denis.
Brasseur, Etienne.
Brault, Charles-Pierre.
Brichard, Augustin.
Briéba, Félix.
Bucher, Joseph.
Budin, Rube-Apollon.
Buffet, François.
Bugon.
Buisson, Louis-Hippolyte.
Buisson, Antoine-Marc.
Burandot.
Burdel, Simon-Ithier-Edmond.
Burkare.
Burkiel, Jean.

Burnelin, Jean-Chrisostôme.
Burnet, Baptiste.
Burthe, André-Adolphe.
Bury.
Bussard, Féréol.
Bussière, Jean-Charles-Marie.
Bussières, Eugène.
Bussière, Nicolas-Charles.
Bustaret.
Butte, Jean-Baptiste.
Butterrier, Charles-Clair.
Busine, Réné.
Buyse, Pierre-Bonaventure.
Bregeon, Julien.
Brel, Marie-Joseph.
Bretague, Louise.
Breton, Bonaventure-Jean-François.
Breton, Jean-Marie-Eloy.
Breschet.
Breschet, Gilbert.
Bresson, Joseph.
Bresson, Louis-Antoine.
Brian, Jean-Marie.
Brian, Symphorien-Charles.
Briant, Michel.
Briant, Auguste.
Bricard, Philippe.
Bricou, Henry.
Brictheaux, Charles.
Briet, Pierre-Urbain.
Brieux, Jean.
Brion, Henry-Charles.
Briolot, François.
Brindeau, Armand.
Briquet.
Brisset, Jean-François.
Britry, Jean-Claude.
Brocard, François.
Brocard, Antoine.
Brocheton.
Brogniard, Louis-Jean-Baptiste.
Broly, Jean-Baptiste.
Brossard, Pierre-François.
Brossel, Jean.
Brouillet, Antoine-Francis.
Brouillon, Jean-Marie.
Bru, Louis-Joseph.

Bruant, Alexandre.
Bruand, Nicolas-Germain.
Bruitte, Charlemagne-Louis.
Brulé, Jean-Baptiste-Denis.
Brulier, Michel.
Brun, Claude-François.
Brun, David-Henry.
Brunet, Renet-Philibert-Auguste.
Brunet.
Brunet, Léonard.
Brunet, Alfred.

C.

Cabillet, François-Henry.
Caby, Jean-Joseph.
Cacheleux, Charles.
Cacheux, Alexandre.
Cade, Hêtre-Virgile.
Cadet, Charles.
Cadrez, Alexis-Thérèse-Eugène.
Cadret, Jean-Louis.
Cagé, François-Emmiaume.
Cagé, Jean-Baptiste.
Cagny, Chrisostôme-Jean.
Cahais.
Cahier.
Caillard, Charles-Jean-Julien.
Caille, Jacques.
Caillet dit Janin.
Caillet Jean.
Cailleaut.
Caillot, Jean-Baptiste.
Caillot, Adrien-Théodore.
Cabouret.
Cailleteau, Jean-Joseph.
Calame, François-Xavier.
Calais, Pierre.
Cally, Pierre-Alais.
Calmette, Pierre-Louis.
Calton, Marie-Jacques.
Campbel, Jean.
Cambournac, Jean.
Canard, Eugène.
Cancal, Jules-Claude-François.
Canel, Mériadier-Charles-Joseph-Aristide.

Canis, Girard.
Canisy.
Canonville, Charles-Denis.
Canque, Laurent.
Cantrez, Joseph-Jean.
Canuet.
Cany, Louis-Hemon.
Capdevielle, Louis-Pascal.
Caplasy, Pierre-Jules.
Cappot, Defeuillade-Jean-Gabriel.
Caraquin, César.
Carion, Nisas-André-François.
Carcin.
Cardinal, Charles-Louis-François.
Carlier, Louis-Antoine.
Carlier, Louis.
Carmoy, Jean.
Carnet.
Caron, Alphonse.
Caron.
Caron, Henri-Joseph.
Caron, Henri-Joseph.
Caron, Louis-Joseph.
Caron, Ernest.
Caron du Villards, Charles-Joseph.
Caron, Pierre-Nicolas.
Cartal André.
Carteron, Jean-Joachim.
Carrette, François-Isidore.
Cartron, André-Marie.
Carray, Eugène-Charles.
Carreau, Pierre.
Carré, Antoine.
Carré, Lucien.
Carrier, Jean-Jacques-Louis.
Carrier, François-Antoine.
Carrier, Hugues.
Carrière, Balthazard.
Carrière, Antoine-Augustin.
Carrière, Désiré.
Cartier, Antoine.
Carunoy, Eugène.
Cartillier.
Cassaigne, Maurice-Ange.
Casset.

Castel, Paul-Félix.
Castagne, Joseph-Saint-Elme.
Catelin, Antoine-Adolphe.
Catin, Jean-Théodore-Hippolyte
Cauzet-Desmarest, Joseph.
Cavalier, Pierre.
Cayères, Jacques.
Cayeux.
Cayoux, Jacques.
Cayrol, Pierre.
Cazal, Réné-Marie.
Cazal, François.
Cazaubon, Simon-Prudence.
Cefert.
Cellier.
Cercueil, Louis-François.
Caen-Cerf.
Celières, Joseph.
César, Blanc.
Chabannes, Henri.
Chabasseur, Pierre.
Chabert, Louis-Pierre.
Chabot, Louis.
Chafort, Tristan.
Chaignaud, Charles-Eugène.
Chailan.
Chalamel, Jules-Alexandre-François.
Chalmeton, Jacques-Marie-Denis.
Chalbos, Michel.
Chalo, François.
Chambeiron, Pierre-Antoine.
Chambon.
Chambre.
Champ
Champion, Auguste.
Chandier, Louis.
Chapelain.
Chapelle, Louis-François.
Chaperon, Maurice.
Chapotin, Jules-Joseph.
Chapsal, Guillaume-Baptiste.
Chapsal, Jean.
Charbonnier, Nicolas.
Charbonnier, Jean.
Charbonnier, Léon-Jean.
Chardin, Nicolas.

Charité, Paul.
Charles, Louis-Antoine.
Charles, Etienne.
Charles, Jean-Adrien.
Charlet.
Charlochet, Marmié.
Charlot.
Charlot, Blaise.
Charmillon, Antoine.
Charmont, Jean-Marie-Raphaël.
Charurier, Pierre.
Charon, Pierre.
Charon, Charles-Hyacinthe.
Charoy, Jules.
Charras.
Chartier, Narcisse.
Chartier, Jean-Baptiste.
Charvoye, Anselme-Joseph.
Chastellux, Claude-Michel.
Chatard, A.-L.-C.-Anselme.
Chatelain, Pierre-Gilles.
Chateau Giron (de).
Chatelet, Charles.
Chatelin, Louis.
Chatraire, Pierre-Léonard.
Chaudesaix, Jean.
Chaussé.
Chautgarnier, B.-Basilique.
Chauvelot, Charles-Philibert.
Chauvelot, Alexandre.
Chauvière, Achille-François.
Chauvin, Mathurin.
Chauvin, Jean-Pierre-Denis.
Chauvin, Nicolas-Etienne.
Chauvin, Dominique.
Chauvantré, François-Hippolyte.
Chavignot, Jean-Baptiste.
Chedeville, Jean-François.
Chemereaud, Paul.
Cheminaud, Pierre-Désiré.
Chenet, Nicolas.
Chenet, Jean.
Chereau, Désiré-Florial.
Chertier, Vivant.
Chery, Jean.
Cheval, Louis-Thimothée.
Chevalier, Henri-Isidore.
Chevalier.

Chevalier, Louis-Henri.
Chevallier, Auguste.
Chevallier, Edme.
Chaleton.
Charles, Pierre-Sébastien.
Chaudeseigne.
Chevalier, Nicolas.
Chevallier, Charles-Louis-Auguste.
Chevallier, Claude.
Chevallier.
Chevallot, Jean-Nicolas.
Chevaly, Joseph-Victor-Théophile.
Chevance, Jean-Maurice.
Chèvre, Félix-Etienne.
Chevrier, Hubert.
Chevrier, Claude-François.
Chevy, Louis-Auguste.
Chiatonne, Antoine.
Chirac, Jules.
Choseau, Alexandre.
Choulet, Pierre-Sylvain.
Chotin.
Cholat, Joseph.
Chrétien, Jean.
Christaud, Jean-François.
Christophle, Christophe-Marie.
Chritin, Joseph-François.
Chomargue, Jean.
Chuquet, Jean-Jacques.
Ciental, Louis-François.
Cinget, Edme.
Citerne, Nolbert.
Clairambault, Jean-Hippolyte.
Clairet, Richard.
Clarange, Lucotte.
Claude, Louis.
Clause, Jean-Baptiste.
Claussat, François.
Clausse.
Clément, Bastien-Nicolas-Pier.
Clément, François.
Clément, Prosper-Gérard.
Clément, Joseph-Nicolas.
Clément, Dominique.
Clément, Jean-Claude-Eugène.
Clément, Joseph.

Clément, Charles.
Clément.
Clerambeau, Jean.
Clerambourg, Jacques.
Clerc, Marcel-Nicolas-Antoine.
Clerc, Denis.
Clerget, Jean-Alexandre.
Clerice, Louis-Théodore.
Clerisses, Victor-Louis-Théodore.
Cligny, Claude.
Clochez, Charles-François.
Clostre, Claude.
Clouet, Jacques-Hippolyte-Edouard.
Clouwez, François.
Coade, Francis-Philippe.
Cochard, Jean-Pierre.
Cochard, Alexandre-Joseph.
Cochard, Alexandre.
Cochelin, Marcel-Antoine.
Cochon, René.
Cochot, François-Prudent.
Cochu, Louis-Isidore.
Cocu, Alexis.
Cocu, Jacques.
Cohade, (femme), Marie-Marguerite (Douillot.)
Colas, Jean-Charles-Borrhomée.
Clonard (comte de), Jean-Edouard-Sutan.
Cohin, Jules.
Colin, Gaspard.
Colin, François.
Collat, Nicolas.
Collandre, Lucien.
Colle, Marie.
Colleau, Etienne.
Colléon, Antoine.
Collet.
Collet, Franc.-Morin-Edouard.
Colleville, Adolphe-Désiré.
Collié.
Collignon, Nicolas.
Collinet, Germain.
Colombat.
Collombet, Pierre-François.
Colonge, Isidore.

Comb, Louis-Jean-Antoine.
Combe, Jean-Baptiste-Nicolas.
Combes, Louis-Remy.
Comeras, Joseph.
Commerson, Alphonse.
Compère, Louis-Quentin.
Compère, Philippe.
Comte, Frédéric.
Cormon, François.
Couan, Pierre.
Condat, Pierre-Louis.
Condorcet, O'Connor-Daniel.
Consigny, Amand-Joseph.
Constant, Philippe.
Contat, Jean-Louis.
Contesenne, Isaac-Justin.
Conti.
Copé, Pierre-Louis-Joseph.
Coqueau, Jean-Baptiste.
Coquel, Pierre.
Corberon, Jean.
Corbin, François-Pierre.
Cordier, Guillaume-Eugène.
Cordier, Jules.
Cordier, Franç.-Amand-Victor.
Cordier, Victor-Joseph.
Cordier-Decroutte, Jean-François-Aimé.
Cordonnier, Grégoire.
Cornière, Paul.
Cornille, Jean-Baptiste.
Cornu, Jean-Baptiste.
Coron, Henri-Joseph.
Cortine, Germain.
Cornuau, Pierre.
Corvt, Jacques.
Cosnard.
Cossonnier, Ernest.
Costalla.
Coste, Eugène-Joseph-Louis-Léon.
Coste, Jean-Baptiste-Edme.
Cotard, Huges-Pierre.
Cothenet, Jean-Baptiste.
Coton.
Cotta, Antoine-François.
Cottar, Christophe-Joseph.
Cotton, Pierre.

Couasse, Etienne.
Couchet, François-Marie.
Coucy, Edouard.
Coudray, Louis-Eulalie.
Coudret, Jean-Florimont.
Cougoule, Louis.
Coullié, Pierre-Marie.
Coulon, Pierre-François.
Coulon, Louis.
Coulubrier, Hippolyte-François.
Coupade, Edmond-Antoine.
Coupey, Jean.
Courcier, Amédée-Toussaint.
Courtefaire, Léon.
Courtellemont, Louis-Alphonse.
Cousin, Victor.
Coutard, Jacques-Nicolas.
Coutereau, Guillaume-Joachim.
Coutin, Jean-Pierre.
Couture, Henri-Germain-Joseph.
Couturier, Jean-Baptiste.
Couturieux, Dominique.
Convenance.
Cowdery, Charles.
Coyère.
Cresnieux, Simon-Edouard.
Crépel.
Crepin, Louis-Antoine.
Crépinet, Alexandre.
Crepinet, François.
Crespin, Eugène.
Crespin, Stanislas-François.
Cressonnier, Jean-Prosper.
Crété, Jacques-Charles.
Crétien, Antoine.
Crétu, Adrien-Nicolas-Louis.
Crevel, François.
Crochet, Pierre.
Croppi, Jules-Jacques.
Cros, Pierre-François.
Crotey.
Crottel, Pierre.
Cugney, Antoine.
Cuissac, Joseph.
Cyvot, Hugues.

D.

Daceto, Jean-Pierre.

Dacheux, Louis-Victor.
Dages, Jean-Antoine.
Dagueau, Louis-François.
Dagnelie, Thomas Joseph.
Dagoumel, Etienne-Joseph-Benjamin.
Daigre, Jean-François.
Dailly, François.
Daire, Ferdinand.
Dales, Antoine.
Dalibard, Marie-Joseph.
Dalisson, Jacques-Marie.
Dalbergue, Jean-Gabriel.
Dalet.
Dalbanne, Jean-Baptiste.
Dalembert, Alfred-Simon.
Dammien, Paul-Théophile.
Damiens, Jean-Nicolas.
Damiens, Jacques.
Dammann, Jean-André.
Dammann.
Dampoux.
Damstalde, Pierre.
Danchel, Jean-Alexand.-Fleury.
Donctoville, Pierre-Louis.
Dandrésa, Francisco.
Dangelis, François-Joseph.
Danton, Jean-François.
Dauton, Hippolyte.
Darbo, François.
Darbou, Bertrand.
Darcourt, Joseph.
Darbourg, François.
Dargaud, Antoine.
Darnaud.
Darquet, François Norberg.
Darry, Jules.
Darry, Auguste.
Dasfeld, Jean-Alexandre-Latapie.
Daubanton, Jean-Jacques-Martin.
Daubin, Jean-Baptiste.
Daunoy, Joseph.
Daunou.
Dauvergne, Jean-Marie.
Dauvilliers, Jean-Pierre.
Dauzé, Amé.

Davagnier, père.
Davagnier, fils.
Davancal, Thomas.
David, Alphonse.
David, Louis-François.
David, Louis-Jean-Alphonse.
David, Jean.
Deadde, Luc-Marie-Elisabeth.
Debar, Eugène-Aristide.
Debarres.
Deblesson, Gaspard André.
Deboulogne, Henri-Charles.
Debry, Didier.
Debry, Louis-Brunot.
Debuir, Louis.
Decormeil.
Dedidier, Jean-Joseph.
Dedidier, Michel.
Decaux, Charles-Clément.
Dechet, Pierre-Louis.
Decouflet, Pierre-Grégoire.
Decreps, Lambert.
Decruq, François-Joseph.
Dedreux, Pierre-Etienne.
Defaria, François-Xavier.
Defauchot, Antoine-Jean.
Defaut, Nicolas.
Defer, Nicolas.
Defert, Casimir Alphonse.
Defermon.
Defeuillant, Hippolyte.
Defoulevieux, Jean.
Defrancq, Napoléon-Félix-Joseph.
Defremont, Regnau-Jean-Alexandre.
Defrondat, Alfred.
Defry, Raoult.
Deglaude, Pierre-Auguste.
Degos, Frédéric.
Degarden, Adolphe.
Degenevez aîné.
Duhamel, Charles.
Déhan, Jean-Baptiste.
Deheque, Félix-Désiré.
Dehort, Pierre-Ambroise.
Dehors, Ed.-Marie-Simon.
Déjean, Antoine.

Dejean, Henry.
Delaballe, Jacques-Alexandre.
Delachâtre.
Delacourtie, Hippolyte.
Delacourtie, Jos.-Adr.-Etien.
Delacoux de Roseau, Alexis.
Delafolie, Jean-Benjamin.
Delafolie.
Delaforge, Alexandre.
Delaguette, Edouard.
Delahaye, Louis-Nicolas.
Delair, Jean-Etienne-François.
Delaistre, François.
Delalaisse, Hippolyte.
Delalande, Louis.
Delamarre, Riente-François.
Delannoy, Pierre-Adolphe.
Delaquis.
Delarue, Félix.
Delaruelle, Jules-Jean-Jacques.
Delaruelle, Joachim.
Delatte, Jacq.-Antoine-Brigitte.
Delatour-St.-Hygeste, Ernest.
Delattre, Louis-Prosper.
Delaude, Jacques.
Delaunay, Gabriel-Charles.
Delaup, Scipion.
Delaup, Victor.
Delauzières, Jean-Alexandre.
Delausanne.
Delausanne, Alex.-Jean-Marie.
Delaval, Edouard.
Delavaux, Silvain.
Delavier, Pierre-Jean-Baptiste.
Delbart, Jean-Baptiste.
Delbasse, Jacques.
Delcher, Joseph-Léonard.
Delépine.
Delfeld, Joseph.
Delsosse, Joseph-Jean-Firmin.
Delhomel, J.-B.-Isidore.
Deliard, Auguste.
Deligné, François.
Delignon, Jean-Baptiste.
Delmas, Adolphe-J.-B.
Delon, François-Beaussier.
Delor, Victor-Claude.
Delord, Eugène.

Delorme, Jean-Alexandre.
Delorme, Pierre.
Delorme, Charles.
Delormel, Louis-Hippolyte.
Deloste, Théodore-Etienne.
Delaplace, Henri.
Deluque, Guislain-Jacques-Joseph.
Deluze, Jacques.
Delavigne, Achille-Etienne.
Dely, François.
Delyvert, Charl.-J.-Bapt.
Desmartres, Jean-Bapt.-Germ.
Demessirjean (Mme), Marie-Madeleine-Angélique.
Demetz.
Demiomande, François.
Demoyers.
Deneuville, François-Adrien.
Denis, Jean-Baptiste.
Denis, Auguste.
Denis, Pierre.
Denis, François.
Denis, Louis.
Denis, Lucien.
Denis, Eugène.
Denise, Jean-Baptiste.
Denouveau, Pierre-Sébastien.
Denoyers, Nicolas-Théodore.
D paepe, Théodore-Xavier.
Deparadeth.
Depenne, Jean.
Depindray, André.
Depins, Joseph.
Deron, François.
Detour, Philippe-Jacques-Isaac.
Desbans, Honoré.
Desbant.
Desbordes, Pierre-François.
Deschantres, Elie.
Deschamps, Michel-Hyacinthe.
Deschamps, Victor.
Deschamps, Ben.-Pierre-Victor.
Deschamps, Denis.
Descharmes, Martin-Joseph.
Desclaux, Jacques-Guillaume.
Desclays, Louis.
Descoings, Jean-Nicolas.

3.

Desertine, Maurice.
Desfammes, Michel-Gabriel.
Desfammes, Silvain.
Desflandres.
Desforges, Forain-Jean.
Defrennes, Louis-Charles-Franç.
Desgranges, Michel.
Desgrey, Jean-Baptiste-Charles.
Desgrey, Charles.
Deshaies, Jean-Marie.
Deshayes, Jacques-Henri.
Deshayes, Louis.
Deshayes, Jean-Antoine.
Deshayes, Jacques-Henri.
Desjardins, Adolphe.
Desjardins, Jean-Jacques.
Desmarandes (Mad).
Desmarennes.
Desmolliens.
Desnoyers, Jean-Gilles.
Desnoyers, Louis-Claude.
Despagne, Jean-Pierre.
Despax, Hippolyte.
Desplan, Jean-Pierre.
Despommiers-Desbaunes.
Desorgerie, Hubert-Marie.
Desportes, Benjamin.
Desportes.
Despreaux, Stanislas.
Després, Charles-Joseph.
Desprez, Auguste-Désiré.
Dessein, Augustin.
Dessolliers.
Desobeaux, Pierre.
Desouza-Monteiro, Joachim-Louis.
Destauret.
Dethuin.
Detilly.
Detienne, Antoine.
Detroits, Eugène-Paulin.
Deutsch, Jules-Philippe-Hyacinthe.
Devallier, Simon.
Devarey.
Devarieux.
Devaux, Pierre-Vertu.
Devaux, Vict.-Charles-Aug.

Devauxonne, Jules-Pierre-Auguste-Jean.
Deviaux, Toussaint-Nicolas.
Devillart, Benoit.
Devillart, Pascal.
Devilleneuve.
Devilleneuve, Jean-Quérémont.
Devillers, Pierre-Félix-Ambr.
Devillers, Jean-Jacques.
Devilliers.
Devirelode, Jean-Joseph.
D'herbelot, Antoine-Léon.
D'hivert, Claude-Etienne.
Didier, Clovis-Louis-Auguste.
Didier, Nicolas.
Diet, Jules.
Digard, Jean-Nicolas.
Dilschneider, Victor.
Diximier, François.
Dobeski.
Dobigny, Alphonse-Frédéric.
Dobignie.
Dolean, maximilien.
Dolléans, Jacques-Benjamin.
Dolsabite.
Dombre, François.
Dondeuil, Joseph-Romain.
Donnet, Hilaire.
Donon, Pierre-Antoine.
Doré, Florentin.
Dortez, Jean-Claude.
Douart, Constant-Jacques.
Double, Jean-Louis.
Doublet, Joseph-Victor.
Doublet, Alexandre.
Doucet, Dominique-Joseph.
Douchet, Jean-Dominique.
Doudout, Charles.
Douelle, Jacques-Nicolas.
Douelle, Jules-Louis.
Doremus, François-Guillaume.
Drouin, Joseph.
Doussin, Ambroise.
Doutrepont, Gustave-Charles-Léonard.
Dony, François-Eugène.
Douzon, Edme-Laurent.
Dragne, Jean-Désiré-Théodore.

Dré, Alexis.
Dray, François.
Drezet, Edouard-Auguste.
Drier.
Drogart.
Droin, Hippolyte.
Droit, François.
Drouard, Louis.
Drouard, Jean-Baptiste.
Drouault.
Druet, Denis-Etienne.
Drouot, Adjoint.
Drouet, Jacques.
Duballin, Jean-Jacques-François.
Dubarry, André.
Dubernal, Pierre.
Dubien, Jacques-Simphorien.
Dubiez, Louis.
Duboc, Jean-Baptiste.
Dubois.
Dubois, Pierre-Marie-Auguste.
Dubois, Claude-Jean-Jacques.
Dubois, René.
Dubois.
Dubois, Charles.
Dubot, Pierre.
Dubuc.
Dubus, Lefebvre.
Duc, Joseph-Frédéric.
Ducarme.
Ducaud, Antoine.
Ducastel, Jacques-Théodore.
Ducellier, Charles-Frédéric.
Duchâteau, Jean-Louis-Marie.
Duchâteau, Denis-Pascal.
Duchemin, Louis-Victor.
Duchêne, Paul.
Duchêne, Jean.
Duchet, Jean.
Duchesne, Hippolyte.
Duchesne, Louis-Jean-Bernard.
Duclaux, Antoine-Hippolyte.
Duclos, Edouard.
Duclos, Constant.
Duclos, Joseph-Bernard.
Duclos, Pierre-Baltazard.
Ducloye.

Ducorot.
Ducretel, Louis-Frédéric.
Ducrey, Antoine.
Ducros, Ferdinand.
Ducoin, *dit* Odinot, Jean-Pierre.
Dudoit, Jean-Baptiste.
Duez, Louis-Joseph.
Dudau, Léonard-Henri.
Duffau, Silvestre-Jean.
Dufeix, Honoré-Louis.
Dufey, Honoré-Louis.
Dufoix, Auguste.
Dufour.
Dufour, Martin-Gervais.
Dufour.
Dufour, Abel-Henri.
Dufrène, Louis-François.
Dufresne, Louis-Ch.-François.
Dufresne, Jules-Augustin.
Dugas, Fleurent.
Dugoujon, Jean.
Duguèvre, Henri.
Duhamel, Léon-Honoré.
Duhamel, Antoine.
Duhot, Nicolas.
Dujardin, Pierre.
Dulieux, Alexandre-Julien.
Duluc, Louis-Philippe.
Dumaine, Jules-Antoine.
Dumaine, Charles.
Dumanoir, François.
Dumas, Mathieu.
Dumas.
Dumantel.
Dumesnil, Louis.
Dumesnil, Pascal.
Dumont, Louis-Benoît-Désiré.
Dumont, Louis.
Dumont, Léonard.
Dumont, Pierre-Nicolas.
Dumort, Pierre-Louis.
Dumoulin.
Dunau, Marie-Frédérique.
Duparc.
Dupart, Paul.
Dupin, Antoine.
Duplain, Rambert.
Duplomb, Michel.

Dupont, Delporte-Hugues.
Dupont, Jean-Augustin.
Dupont, Noël-Charles.
Dupré, Joseph-Isidore.
Duprés, Jacques.
Dupuis, Jacques.
Dupuis, Louis-Marie.
Durand, Louis-Simon.
Durand, Edouard.
Dury, René.
Dutertre de Véteuil, Félix.
Durautin, Etienne.
Durand.
Durand-Brayer, Vital-Denis.
Durand, Etienne.
Durandeau.
Durandin.
Durequ père.
Duret, Antoine.
Durieu, Branéau-Vincent-de-Paul.
Durieux aîné.
Durost, Joseph.
Durozoir, Charles.
Dussart, Henri.
Dusautoy, Germain.
Dussud, Jean-Antoine.
Dutaut, Barthelemy.
Dutertre, François.
Dutertre de Véteuil, Paul.
Duval, Edmond.
Duval, Joseph-Charles-Martin.
Duval, Pierre.
Duvallet, Victor-Maréchal.
Duverger, Jean.
Duvergier, Ulphige-Adolphe.
Duvergier, Jean-Marie-Aimé.
Duzy, Louis.

E.

Echally, Jean.
Eck, Charles-Louis-Gustave.
Edelinne, Claude-François.
Edouard, Florent.
Einsselin, Frédéric.
Elouin, Jean.
Eloy, Jacques-François.

Empaire, Amédée.
Eric, Bernard-Germain-Eric.
Ermenault.
Escot, Joseph.
Escribe, Antoine-Adolphe.
Esperon, Paul.
Estienne, Rose.
Eustache, Charles.
Excelmans, Charles-Joachim.
Eguin, Jean-Charles.
Etienne, Louis.
Evrard, Célestin.

F

Fabert, Edouard-Gazaul.
Fabre, Honoré.
Fabre, Cadet.
Fabre, Palaprat-Bernard-Raymond.
Fabry, Louis.
Fabry, Hubert.
Falcou, Théodore.
Falquier, Nicolas.
Fardeau, Jean-Louis-Victor.
Farine, Joseph-Dieudonné.
Farjouel, Henri.
Faroux, Antoine-Amable.
Faudois, Nicolas-Pierre-François.
Fauquet, François-Frédéric.
Faure, Armand.
Faure, Philibert-Joachim-Alexis.
Faure, François, dit Monnier.
Faure, Jean.
Faurot, Jacques.
Favotte, Edouard.
Favrol, Louis-Lorion.
Fayet, Louis.
Fayot, Jean.
Feard, Jean-Baptiste.
Feburier, Théophile.
Féchanx.
Feitu, Jean-François

Félines, Philippe.
Feller, Jean.
Fénerold, Antoine.
Fenet, Pierre-Marie.
Ferlin, Henri.
Ferray, Henri.
Ferreira, Michel-Antoine.
Ferrier, Vincent.
Fessard.
Fessart.
Feucher, Pierre.
Fevre, Antoine.
Feytaud, Urbain-Raymond.
Fichet, Alexandre.
Fichot.
Filian, Jean-Baptiste.
Filliol, Pierre.
Filliol.
Filippi, Thomas.
Finet, Jean-Baptiste.
Fiocre, Louis.
Fischer, Antoney-Lax.
Flamand, Laurent-Louis-François.
Flandin.
Flannet, Joseph.
Flavigny, Jean-Baptiste.
Fléchel, Marie-François.
Fleschelle, Stanislas.
Fleurand, Jean-Antoine.
Fleuret.
Fleurant, Antoine.
Fleuros, Vincent.
Fleury, Louis-Etienne.
Fabry.
Faissolle, Alphonse.
Favre, Félix-Marie-Charles.
Farreau, Jean.
Faye, Victor.
Fleury, Marie-François.
Fleutiaux, Philippe.
Fliniaux, Adolphe.
Flobert, Nicolas-Joseph.
Florenge, Guillaume.
Floriot, Simphorien-François.
Focard, François.
Foller, Jules.
Follot, Jean.

Fouet, Paul.
Fontaine, Pierre-François.
Fonteine, Jean-François-Renouff.
Fontenay, Léonard-Aligre, de Saint-Cyrand.
Fontolive, Antoine.
Forel, François.
Forestier, Alexis.
Formage.
Foron, Laurent.
Fort, Jean-Baptiste.
Fortier, Georges-Bazile.
Fortier, Charles.
Fossard.
Fossard, Jean-Charles.
Fossé, Auguste-Lamontagne.
Fossone, Michel.
Foubert, Charles-François.
Foucart, Désiré.
Foucaud, Louis.
Foucaud fils, Georges-Pierre.
Foucaud.
Fouché, André-Eléonore.
Foulon, Mathieu.
Foulon, Pierre-Charles.
Foulon, Charles-Paul.
Foulkouse, Victor-Charles.
Foulquier.
Fouqueron, Vital-Joseph.
Fouquet, Jean-Germain.
Fouquet, François-Noël.
Fourcade, Clément.
Fourché, Charles-Léopold.
Fourcy, Victor-Alexandre.
Fourmeaux, Louis-Joseph.
Fourmont de Prosper.
Fournery.
Fournier, Charles-Joseph.
Fournière, Michel.
Fourquemin, César.
Fragnières, Claude-Dominique-Hippolyte.
Fraisse, Charles.
France.
Franck, Jean-André.
Frankin, Joseph.
François, Jean-Baptiste.

François, Nicolas.
Francon, Pierre.
Franzemberg (de), François-Pierre-André.
Frechon, Hippolyte-Jean.
Frelon, François-Auguste.
Frerlet, Jean-Henri.
Freville.
Freytag.
Friche, Nicolas.
Frichmann, Chrétien.
Fringuant, Louis-Christ.
Froger, Ours-Jacques.
Froget, Jean-Marie-Désiré.
Froissant, Charles.
Frouille, Noël-Antoine.

G.

Gabrie, Frédéric.
Gabriel, Marie-Franç. (Mlle).
Gachet, Jean-Marie.
Gachet, Etienne-Jean-Marie.
Gachedaure, Jean-Baptiste.
Gadry, Glorieux.
Gœury, Pierre-Marie.
Gaillard, Claude.
Gaix de Mansour Gondé, Jacob.
Gallard, Hercule-Hip.-Aug.
Galland, Jean.
Gallemand de Marennes, Jean-Charles.
Gallerand, Jacq.-Achilles.
Gallet, Joseph.
Gallet, Aug.-Gend.-Amb.
Gallet, Marie-Simon.
Gallet, Marie-François.
Galley, Marin-Antelme.
Gallibert, Fr.-Ant.
Gallois, Jean-Marie.
Gallois, Jean-Marie.
Gamory, Barthélemy-Silvain-Alexis.
Gardiennet, Pierre.
Garraud, Joseph-Gabriel.
Garçaux, Antoine-Paul.
Garbelotti, Jean-Ant.-Philip.
Garric, Antoine-Eloi.

Garnaud, Julien.
Garnery, Auguste.
Garnier, Jean-Baptiste.
Garnier, Auguste.
Garnier, Charles-Louis.
Garnier, Alexandre.
Garnier, Sales.
Garranchon, Louis-François.
Garrou, Henri-Georges.
Garry, Hilarion-Cléry.
Gasnier, Philippe-Alexandre.
Gaspard, Louis-Victor.
Gasquet, baron, Joseph.
Gasse, René.
Gastaldy, Joseph.
Gastens, Joseph-Napoléon.
Gastineau, Eug.-Ant.-Hip.
Gaston.
Gateau.
Gateau, Denis-Marie.
Gateau.
Gatebois, Jean-Joseph.
Gatelier Joli, André.
Gau, François.
Gauchet, Jean-Baptiste.
Gaudard, Joseph.
Gaudefrey, Pierre-Constantin.
Gaudet, Jean-Ambroise.
Gaudry, Pierre-Louis.
Gauyer, Paul.
Gaullet Vorte, Alphonse.
Gault, Alphonse.
Gault, Emile-Joseph-Alphonse.
Gaumy dit Lachapelle, Fg.
Gauthier, Jean-Pierre.
Gauthier, Pierre-Nicolas.
Gauthier, Louis.
Gauthier.
Gauthier.
Gauthier, Jean-Alexis.
Gauthier, François-Nicolas.
Gauthier, Agircole.
Gauthier, Louis-Marc.
Gauthier, Marie-Joseph.
Gautier, Claude-Auguste.
Gautier, Noël.
Gautier, Jean-François.
Gavet, Jean-François.

Gavet, Joseph-Louis.
Gavet, Cyprien.
Gay, Jean-Marie.
Gay, Honoré-Pierre-Armand.
Gayet, Etienne.
Gayet, Jean-Antoine.
Gayrard, Jean-Joseph.
Geibel, François.
Gellée Eloi, Orophane.
Gendrin.
Genévoix, Félix.
Genevraye, Ant.-Jean-Bap.
Geniez.
Genot, Alexandre.
Gentil, Pierre.
Gentilhomme.
Genty.
Geuffroy, François-Louis.
Geoffroy, Célestin.
Georgeon, François.
Gerante, Antoine.
Gérard, François.
Gérard, Guillaume-François.
Gerbenne.
Germain, Pier.-Gilles-Athan.
Germain, Louis-François.
Germain fils, Constant-Louis.
Gerodmayer.
Gérôme, Nic.-Louis-François.
Gérôme, Nicolas-Louis.
Géta, Pierre.
Gettin, Pierre.
Gervais, Henri-Narcisse.
Gervais, Jean-Antoine.
Gevenest, Jacob.
Girard, Pierre.
Gibert, Arnaud-Jean-Joseph.
Gibert, Pierre-Louis-Adrien.
Gilon, Isidore-Benjamin.
Gieu, François-Gaston.
Gigout, Michel.
Gilbert.
Gillain.
Gilles, Jean-Baptiste.
Gillet, Paul.
Gillet, Joseph.
Gillet, Louis.
Gilles.

Gilliard, Charles.
Gilliman, Auguste.
Gillot, Victor.
Gilson, Ferd.-Désiré-Remy.
Gimbert, Charles.
Ginestes, Joseph.
Ginouvier-Trips, Joseph-François.
Giot, Pierre-Michel.
Girard.
Girard, Jacques.
Girardin, Jean-Pierre.
Girardin, Emile.
Girault, Isidore.
Gire, Charles-Joachim.
Gire, Nicolas.
Girette, Jean-François.
Girin, Jean-Franç.-Charles.
Girod de l'Ain.
Giroux, Auguste.
Giroux, Pierre.
Giroux, Jean-Baptiste.
Giscard, Victor-Amédée.
Giverne, Christophe-Binj.
Glatz, Jules-Philippe.
Glatz, Charles.
Glatz, Henri.
Glaudot, Jean-Baptiste.
Glenat, Joseph.
Gleuzer Chrétien, Louis.
Gliamas, Raphaël.
Gobert, Nicolas.
Gobert, Jules-Etienne.
Godard, Jean.
Godard, Jean-Baptiste.
Godard, Jacques-Prosper.
Godefroi.
Godefroid, Léon.
Godefroy, Pierre-Constantin.
Godin.
Godin, Jean, dit Godard.
Godfroy, Théodore.
Goedzer, Georges-Chrétien.
Gohel, Jean-Antoine.
Gohière, Longchamps-Al.
Gohin, Charles.
Gohin, Nestor.
Goison, Jean.

Gondel, Julien-François.
Goniez.
Gonin, Eugène-Jacques.
Gonin, Jules.
Gonot, Nicolas.
Gorlier, Louis.
Gosse, François-Théodore.
Gosse, Guillaume-François.
Gottereau.
Gottin, Benoît.
Gougeon, d'Herminie.
Gougy.
Gouillard, Etienne.
Gouillet, Julien.
Goulard, Louis.
Gouret, Jacques-François.
Goujon, Pierre-Joseph-Eugène.
Goupi, François-Jacques.
Gourdin, René.
Gouret, François.
Goury, J.-L.-Alexandre.
Goussard, Hippolyte.
Gouvernet, Napoléon.
Gouyrit, François.
Govin, Guillaume.
Graff, fils aîné, Auguste.
Graffet, Pierre-François.
Graimbelle, Ant.-Joseph.
Gramet, Jean-François.
Grand, Pierre.
Grandjean, Franc.-Adolphe.
Grandjean, Jean-Gaspard.
Granger, François.
Granger, Louis-François.
Grare, Franc.-Anne-Dominiq.
Gratpauchè, Louis-Auguste.
Graux, Jean-Baptiste.
Gravet, Jean-Franç.-Nicolas.
Gravent, Zacharie-Paul.
Greben, Charles-Pierre.
Greffet.
Grégoire, Louis-Nicolas.
Grégoire, Louis-Benoît.
Gremel, Philippe.
Grenier, Jean-Pierre.
Grenier, Pierre.
Grenier, St-Martin.
Grenier, Lucien.

Grenou, Jacques.
Greset, Nicolas.
Grignon, François-Jean.
Grimoux, François-Marie.
Grisier, Augustin.
Gros, Barthélemy.
Grosdeminge, Jean.
Grossilex, Pierre-Louis.
Grognet, Joseph-François.
Grogniet, Pierre - Michel, dit Lavonelle.
Grosjean (Madame).
Grosse, Nicolas, dit Prerot.
Gruat, Henri.
Gruat.
Gruss, Antoine.
Guarin, Denis.
Guastalla, Alex.-Edouard.
Gudin.
Guébard, Louis.
Gueniot, Joseph.
Guerard, François.
Gueroult, Louis-Théodore.
Gueroult, Jean-Franç.-Alex.
Guérin, Franç.-Maurice-Marie.
Guerin, Jean.
Guery, Amable.
Guevrat, Pierre.
Guffroy, de Rosemart.
Guiart, François.
Guiardin.
Guibout, Louis.
Guibert, Adolphe.
Guidet, Edouard.
Guigau, Christophe.
Guigou, Athanase-Désiré.
Guignard, Georges.
Guignon, Pierre-Michl.
Guilbert, Joséphine.
Guilhemané, Jean-Baptiste.
Guillaume, Claude.
Guillaume, Henri.
Guillaume, Eugène.
Guillain.
Guillard, Jean-Baptiste.
Guillemet, Charles-Théodore.
Guillebert, Georges-Jérôme.
Guillemin, Blaise-Frédéric.

Guillemain.
Guillemin, Denis.
Guillemot, Gustave.
Guillemot, Pierre.
Guillier, Edme-Varin.
Guillon, François-Gabriel.
Guilíot, Victor.
Guillouet, Louis-Olivier.
Guiquandon, Barthélemy.
Gusse.
Guy, Pierre-Mathias-Achille.
Guy, Jean-François.
Guyard, Paul.
Guyard, Delalain-Aug.-Pierre.
Guyon, Jacques.
Guyon, Louis-Alexis.
Guyonnet, Julien.
Guyot, Denis-Laurent.
Guyot, Jean-Edmond.
Guyot, Louis-Franç.-Joseph.
Guyotton, Paul.

H.

Habon, Mathieu.
Hachette.
Halé, Jean-Baptiste.
Halphen, Elie.
Halst, Adrien-Aimable.
Hamard, Nicolas.
Hamel, Adrien.
Hamel, Léon.
Hamel, Charles-Joseph-Andomar.
Hamel, Jean.
Hanne, Georges.
Hardel, Guillaume-Jean.
Hardelouze.
Hardouin, Michel.
Hardy, Claude-Abraham.
Hardy, François.
Hardy, Gustave-Hippolyte.
Harlay.
Harmand.
Harpin, Jean Baptiste.
Harriet, Adolphe-Eugène-Louis.
Harvier, Jean-Baptiste-Calixte.
Hatin, Jules.

Hatin, Félix.
Hattey, Louis-Victor.
Haubuer, Jean-Ignace.
Haucerne, Charles-Louis-Marie.
Haudebert, François.
Haublon, Jacques-Joseph-Simon.
Haussen, Pierre-Antoine.
Hébe, Jean-Joseph.
Hébert, Edouard.
Hébert, Philippe-Jacques.
Hébert, François.
Hébert, Jacques-Marie.
Hélène, Pierre.
Hébe, Lefèvre.
Hémard, Alexis.
Hennequin, Alphonse.
Hénon, Jacques-Louis.
Hénon, Jean-Baptiste.
Henry.
Henry, Joseph-Adolphe.
Henry, François.
Henry, Michel-François.
Henry, Jean-François.
Henry.
Henry, Jules.
Henry, Benoit-Grevière.
Henry.
Henry, Jean-Charles.
Henrion de Roisin.
Henriot, Simon-Georges.
Henriot, Nicolas-Pierre.
Hensieu.
Hérambert, François-Eugène.
Héraudet, Gilbert.
Herbinot, de Mauchamps, Charles-Frédéric.
Hérisson, Jean-Baptiste.
Hermé, François-Aglaé.
Hermond, Jean-Pierre.
Hérodière, Charles.
Héroult, Louis-Pierre.
Hérout, François-Napoléon.
Héroult, François-Napoléon.
Hertz, Samuel.
Hervieu, Pierre-Sosthène.
Hervieux, Nicolas.
Hétu, Antoine-François.

Heuriaux, Nicolas.
Heuveline, Ferdin.-César.
Heuzet, Jean-Antoine-Pascal.
Hevenin, Auguste.
Hidelot.
Hifback, Xavier.
Hildebrand, Joachim.
Hindenlang.
Hivet, Jean-Louis.
Hoffmann, François.
Holfeld, Hippolyte-Dominique.
Homel. Henri-Désiré.
Homin, Frédéric.
Hooker, Louis.
Hotteaux, Joseph.
Houel, François-Michel-Les.
Houpin, Nicolas-Edme.
Houri, Jean-Pierre-Louis.
Hourte.
Houssaye, Henri-Léonard.
Houssemin, Jean-Louis.
Houzeaux, Louis.
Hovyn.
Huard, Napoléon.
Huard, Louis-Charles.
Hubert, Pierre-Joseph.
Hubert, Louis.
Huché, François.
Hudelot, Victor-Jean-Baptiste.
Hue, François-Louis.
Huet, Pierre.
Hugo, Michel-Alexandre.
Hugonier, Gaspard.
Hugonet, Jean-Marie.
Hugot, Henri.
Huguenin, Edouard.
Hulin, Henri-Joseph.
Humbert.
Humbert, Ponce.
Humbert, Auguste.
Humbert, Auguste.
Huot, Gaspard.
Huot, Jean-Antoine-Augustin.
Huot, Louis-Félix.
Huot, Adolphe.
Hupé, Hugues-Marie.
Hurel.
Hurez, Félix-Désiré.

Hurlot, Joseph.
Huron, Jean-François.
Husson.
Hayant, Pierre.
Hippolyte, Luc.
Hytier, Hugues-Charles.
Humbert, Claude-Nicolas-Louis.

I.

Ibry, Antoine.
Icard, Xavier.
Ignace, Joab-Gabriel.
Imbault, Paul-Auguste.
Imbert, Paul-Auguste.
Imbert, Hugues.
Ivon, Pierre.
Isambart, Léandre-Pierre.
Ivan, Alexandre.

J.

Jackin.
Jackin, César.
Jacob, Claude.
Jacot, Michel.
Jacquemin, Claude.
Jaequenon, René-Nicolas.
Jacquet, Joseph-Philippe.
Jacquet, Jacques-Antoine.
Jacquinot, Jean-Baptiste.
Jagot, Olive-Jérôme.
Jalade-Lafond, Jean-Baptiste-Hippolyte.
Jalade-Lafond, Guillaume.
Jalbert, Jean.
Jalebert, Guillaume.
Jamai.
Jambom, Désiré.
Jamet, Jean-Baptiste-Auguste.
Jamin, François-Onésyme.
Jandon, Adolphe.
Janson, Alexandre.
Jacquinet, Abraham.
Jausserand.
Javal.
Jay, Joseph.
Jeanbarnate, Emmanuel-Louis.

Jeangirard.
Jeannay (Mme), Marie-Françoise-Quillat.
Jeancolas, Jean-Pierre.
Jeanniard, Alexandre.
Jeanniot, André.
Jeannot, André-Joseph.
Jehannot-Crochard, Pierre-Marie-Fournier-Adrien.
Jobert, Charles-Alexis.
Jobert, Charles-Alexis.
Jolibois, Andronique.
Jollinon, Pierre.
Joly, Antenor-Pierre-Paul.
Jolly, Louis.
Jolly, Antoine-Joseph.
Jolly, Joseph.
Jolly, Charles.
Jomain, Louis-François.
Joniaux.
Jonnon, Joseph.
Joret.
Joseph, Aimable-Antoine.
Joséphine Mercier.
Josse, Jean-Pierre.
Jossette, Achille-Jean.
Jost.
Joarhit, Pierre.
Jouannès, Pierre-Louis.
Joubert, Antoine.
Joubert, Jean-Marie.
Joubert, Alphonse.
Jouet, Jules-Marie-François.
Jouet, Aimé.
Jouillet, Pierre-François.
Jourdain, Antoine-Joseph.
Jourdain, Edouard.
Jourdan.
Jourdan, Antoine.
Jourdan, Jean-Baptiste.
Jourdan, Jean.
Jousse, Auguste.
Jovignot, Claude.
Joyeux, Joseph-François-Augustin-Magloire.
Jue, Edouard-Stanislas.
Jugand, Nicolas-Harnière.
Juillerat, Julien.

Juillet, Adolphe.
Julien, Guillaume.
Julien, Auguste-Louis.
Juloux.
Justinard, Nicolas-Christ.
Juteau, Jean.

K.

Kaintoff, Frédéric.
Kap, Médard-Toussaint.
Kelner, Vinceslas.
Kellner.
Kelsch, Jean-Michel.
Kelsch frères, Charles-Frédéric, Maximien-Georges.
Kelsch, Georges.
Kelsch, Maximin.
Kibourg, Paul.
Kingold, Jean-Baptiste.
Kintzé.
Klein.
Kretely, Alexandre-Jacques.
Krettely, Elie.
Kiffert, Jean.
Krouch, Jean-Baptiste.

L.

Labarre, Joseph-Victor.
Labbé, Jean-François.
Laborderie, Eugène.
Labrousse, Emile.
Labrousse, Jean-Baptiste-Sabine.
Labrousse, Jean-Baptiste-Fabrie.
Lacaine, Antoine-Victor.
Lacaine, Eugène.
Lachaise, Eugène-Michel.
Lacharme, Alexandre.
Lacorbière.
Lacombe, Pierre-Joseph-Daniel.
Lacour, François.
Lacroix, Jean-François-Victor.
Lacroix, Jean-Louis.
Lacroix, Joseph.
Laffin, Claude-Jean.
Laffin, Pierre-Joseph.
Lafitte, Ferest.

Lafitte, Léon-Adolphe.
Lafond, Tony.
Lafontaine, Hippolyte-François-Antoine.
Lafosse, François-Louis.
Lafosse, Pierre.
Lafosse, Nicolas-Élie.
Lagache, Joseph-François.
Lagarde.
Lagarde, Jean-Pierre.
Lagravière, Augustin.
Lagroux, Louis-Victor.
Lainé.
Lainé, Jean-Baptiste.
Laipé, George-Louis-Magloire.
Lainglé.
Lair.
Lair, François-Jacques-Camille.
Lajon, Dominique.
Lajoukaire.
Lajugie, Léonard.
Lallemant, François.
Lallemann, Jacques.
Lallement, Jean-Baptiste.
Lalligant, Claude.
Laloche, François-Dominique.
Laloi, Laurent-Mathias.
Lalotte, Alexandre-Pierre.
Lallou, Henri-Joseph-Gabriel.
Lamalatie, Charles-Julien-Napoléon.
Lambert, Alexandre.
Lambert, Jean-Pierre-Henri.
Lambert, Auguste-Nicolas.
Lambert, François-Nicolas-Florentin.
Lamiral, Louis-François.
Lamirault, Pierre-François.
Lamirault, Jean-Charles.
Lamotte, Jean-Baptiste.
Lamotte, Andoche.
Lamouche, François-Elie.
Lamy, Pierre (horloger).
Lamy, Félix-Léopold.
Lamy, Pierre (bottier).
Lamy, Pierre (carrier).
Lamy, Jean-Joseph.
Landolphe, Claude-Phil.

Landon, Louis-Hubert.
Landonin, Etienne.
Landragin, Jeanne-Marguerite.
Landré, Jules.
Landré, Auguste-Jules-Casimir.
Landry, Joseph.
Laneuville, Louis.
Langeard, Jean-Guillaume-Fargeau.
Langlet, Charles.
Langlois, Charles-Constant.
Langlois, Simon-Pierre.
Langlois, Jean-Baptiste-Théodore.
Langlois, Charles-Jean.
Langlumé, Ponce-Dieu.
Lannet, Auguste-Joseph.
Lannes, Jean-Maurice.
Lanoé, Louis.
Lapie, Jean-Marie.
Lapierre, Jean-François.
Lapeyre, Joseph-Michel.
Laplace, Pierre-François.
Lapointe, Joseph.
Laporte, Jean-Marie.
Laporte, Pierre-Marie.
Laporte.
Lapotaire, Etienne.
Lapotaire, Denis.
Lapp, Etienne-Eléonore.
Lappareillé.
Largillière, Baptiste-Edouard.
Larmée, Pierre-Edouard.
Larmée, Edmond-Victor.
Laroche, Antoine-Marie.
Laroche, Gaspard.
Laroulandy, Martial.
Larrey, Hippolyte-Félix.
Larrieu, Jean.
Larry, Auguste.
Lartigue, Jean-Antoine-Benjamin.
Lascases, Barthélemy.
Lassague, Louis.
Lassalle, Eloi.
Lasseleur, Adolphe-Auguste.
Lasserre, Antoine-Germain.
Lasue, Charles-Hyppolyte.

Latour-de-Trie, Jean-Pierre-Auguste.
Lauban, Charles.
Launay, Jean-Baptiste.
Launet, Auguste.
Laurier, Léon.
Lauthier-Xaintrailles, Pierre-Antoine.
Laurent, Charles.
Laurent, Laurent.
Laurent, Charles-François-Jacques.
Laurent.
Laurent, Charles.
Laurent, Jean.
Laurent, Balthazar.
Laurent, Nicolas.
Laurent, Jean-Pierre.
Lavalée, Pierre-Sébastien.
Lavenant, Willem-Louis-Henri.
Lavialle, Auguste.
Lavigne, Eugène-Alexandre.
Lebachelier, Thomas.
Lebas, Philippe.
Lebellé, Alphonse.
Leblanc (mademoiselle) Lucie.
Leblanc, de Marconnay-Hyacinthe-Roch.
Leblanc, Louis.
Leblanc, Jean-Pierre.
Leblaye, Jean-Marie.
Lebleu, Jean-François.
Leblond, Claude-François-Joseph.
Leblond, Gédeon.
Leblond, Jacques-Denis.
Lebœuf, Félix.
Lebois, Joseph.
Lebon, Alexandre-François.
Lebourgeois, Jean-Robert.
Lebrun, Alphonse.
Lechalier, Pierre-Louis-Alexis.
Lechat.
Lechanteur, Jean.
Lechelle, Philippe-Marie.
Leclabart, Alexis-François.
Leclair, Jacques-René.

Leclerc, Adrien-Constant-Florent.
Leclerc, Pierre-Hubert.
Leclerc, Jean-Marie.
Leclerc, Pierre-François.
Leclerc, François.
Leclerc, Coutin.
Leclercq.
Leclert, François.
Lecluze, Pierre-Gilles.
Lecœur, Jean-Philippe-Hippolyte.
Lecomte, Pierre-Joseph-Philippe.
Lecomte, Louis-Théodore.
Lecomte, Charles-Vincent.
Lecoq, François-René.
Lecoq, Joseph.
Lecoq, Jean-Michel.
Lecoq, Jean-Louis.
Lecoq, Jean-Baptiste.
Lecordier, Jean-François.
Lecorne, François.
Lecouflet, Eugène.
Lecoupé.
Lecovée, Mathurin-Marie.
Lecuyer, Augustin-Félix.
Lecuyer, Claude-Léonard.
Ledier, Jacques-Antoine.
Ledin, Pierre.
Ledoux, Jean-Edme.
Ledoux, Charles.
Ledoux, Pierre-Auguste.
Lefebvre, Colombau-Amé-François-Joseph.
Lefebvre, Philippe.
Lefebvre, François-Adolphe.
Lefebvre, Pierre-Joseph.
Lefebvre, Sébastien.
Lefebvre.
Lefebvre, Dubus.
Lefebvre, *dit* Duplessis, Pierre-Hippolyte.
Lefèvre, Louis-Frédéric.
Lefèvre.
Lefèvre, Nicolas.
Lefebvre, Germain-Ambroise.
Lefèvre, André-Louis.

Lefèvre.
Lefebvre, Hegesippe-Louis-Marie.
Lefebvre, Decius-Brutus.
Leforest, Charles-Philibert.
Leforestier, Falquin.
Lefort, Louis-François.
Fefor, François.
Lefort, Martial.
Lefranc.
Lefranc, femme Fanfernot.
Lefrançois, Jean-Baptiste.
Legay, Laurent.
Leger, Théodore.
Leger, Robert-François.
Legot, Pierre-Michel.
Legoy.
Legrand, Pierre-Joseph-Constant.
Legrand, Pierre-Joseph-Constant.
Legrand, Etienne-Martin.
Legrand, Jean-Marc-Alexandre.
Legrand, de Saint-René.
Legras, Edme-François.
Legris, Jean-Baptiste.
Legris Jean-Baptiste.
Legros, Jean-Marie-Xavier.
Legros, Félix.
Legros, Philippe.
Legros, Petit.
Lehmann, Jean.
Lehaut, Eugène.
Leidig, Henri.
Leisibarck, Melchior.
Lejeune, Bastien.
Lejeune, Charles.
Lejeune, Dieudonné.
Lejeune, Jean-François.
Lejon, Pierre.
Lejour.
Lelandest, René.
Lelarge.
Leleu, Antoine-André.
Leleu, Louis-Charles-Désiré.
Lélier.
Lelièvre, Nicolas-Victorien.
Lelièvre, Prudent-Julien-Rob.

Lelièvre, Alexis-François.
Lelièvre, François-Maurice.
Lelièvre, Nicolas.
Lelièvre, Pierre-Ernest.
Lelièvre, Charles-Philippe.
Lelièvre, Aline.
Lely, Jean-Claude.
Leloup, Jean-Etienne.
Leloup, Jean-Nicolas.
Leloup, Martin.
Lemaire, Jean-Baptiste.
Lemaire, François-Jean.
Lemaire, Antoine-François.
Lemaire, Victor.
Lemaire, Antoine-Narcisse.
Lemaître, Pierre-Louis.
Lemaître, Léonard.
Lemaître, Louis.
Lemarchand.
Lemarchand, Michel-Norb.
Lemazzère, Jean-Eugène.
Lemery, Henri-Louis.
Lemetheyer.
Lemire.
Lemoine-François.
Lemoine, Etienne.
Lemor.
Leneveu, Julien.
Leneuveu.
Lenoir, fils.
Lenormand, Louis-Achille.
Léon, François-Louis.
Lepage, Bernard.
Lepaire, Adolphe-Louis.
Lepaire, Hector.
Lepelletier, (mademoiselle) Angélique-Adélaïde-Suzanne.
Lepelletier.
Lepelletier, Auguste.
Lepesteur, Etienne-Eustache.
Lepeux, Jean-Baptiste.
Lepeyre.
Lepine, Joseph.
Lepine, Ambroise-Julien.
Lepine, Nicolas-François-Joseph.
Lepinette, Charles.
Leprêtre, François-Louis.

Lepreux, Quentin.
Lepreux, Jean-René.
Leprou.
Lerasle.
Leriche, Napoléon.
Lerminier, Jean-Baptiste-François.
Lermoyer, Léopold.
Leroi, Maximilien.
Leroux, Jacques-Nicolas.
Leroux, Charles.
Leroux, François-Benjamin.
Leroux, Augustin.
Leroux, fils.
Leroux, Jean-Antoine.
Leroux, Jean-François.
Leroux, François-Anselme.
Leroy, Jean-Michel.
Leroy d'Etiolle, Jean-Jacques-Joseph.
Leroy, Alphonse.
Leroy, Jean-François.
Leroy, Louis.
Leroy, Antoine.
Leroy, Antoine.
Leroy.
Leroy, Antoine-Joseph.
Leroy, Jacques.
Leroy, Pierre-Auguste.
Leroy, Anatole-François-Emile.
Lespinasse, Jean-Léonard.
Lesson, André-Louis.
Letellier.
Lethuillier, Narcisse-Romulus.
Leture, Bélisaire.
Leullier, Armand.
Leuzy, Louis.
Levasseur, Louis.
Levasseur, Charles-Alexandre.
Levasseur, Jean-Charles-Victor.
Levasseur, Scevola
Levasseur, Pierre-Etienne-Alexandre.
Levasseur, Pascal.
Levasseur.
Levalton, Louis-Marie.
Lavaufre, Louis-Barthélemy.
Levavasseur, Jean-François.

Lévêque, Nicolas.
Lévêque, Auguste-Charles.
Lévêque.
Lévêque.
Levillain, Dufriche aîné.
Levilly, Philis-Salvator.
Levis, Antoine-Joseph.
Levis, Bérol-Kreuzer.
Levy, Abraham.
L'Huiller, Charles-Sulpice.
Liard, Joseph.
Libert, Pierre-Marie-François.
Lidon, Antoine.
Liger, Jean-Baptiste-Louis.
Lignière, Jules.
Lignier, Nicolas-Joseph.
Lincourt, Félix.
Lico, René-Marie.
Lioté, Jean-Antoine.
Lison, Balthazard.
Lobies, Joseph-François.
Lobin, Charles.
Lochard, Louis-Denis.
Loget, François-Joseph.
Loinard.
Loir, Jean-Baptiste-Victor.
Loiset, Hippolyte.
Longchamps, Simon-Désiré.
Longuet, Auguste-Constantin.
Longueville, Aimé-François-Changea.
Lons, Louis.
Lory, François.
Lottin, Claude-Jean-Sévère.
Louessard.
Louis (baron).
Louis, François.
Louis, Jean-Joseph.
Louis, Henri.
Louvet, Defresne-Anne-Philippe-Marie.
Loyer, Eugène.
Loyer, Pierre-Marie.
Loze, Léandre-Henri.
Lucas, Michel.
Lucas, Jean-Joseph.
Lucas, Louis.
Lucasson, Vincent.

Luchet, Auguste.
Lucotte, Jean-François-Marie-Armand.
Lugné, Gaspard.
Lunel, Joseph-Joachim.
Luquet, Amand.
Lurienne, Guillaume-Tranquille.
Lurienne.
Lusia.
Lutz, Jean-Simon-Daniel.
Luzeret, François.
Lyon, Charles.

M.

Mabjean.
Macé, Louis-Antoine.
Maçon, Étienne-Julien.
Maçon, Jean.
Macron, Henri.
Maës, Jean.
Mafrette, François.
Magnan, Louis.
Magnon, Louis-François.
Magnat, Gédéon.
Magner, François.
Maher, Jean-Louis-Joseph.
Mahieu, Jean-Baptiste.
Maigrot.
Maillant, Louis-Jean.
Maillard, Lucien.
Maillet, Joseph.
Mailly, Jean-Pierre.
Mainat, Pierre-David.
Mainières, Nicolas.
Maitrier, Nicolas.
Maiseau, Raymond-Balthazard.
Majerski, Jean.
Moldan, Charlemagne-Pierre.
Malaizé, Charles.
Malet.
Malhau, Martin-Joseph.
Malhomme, Jean-Baptiste.
Malifait, Pascal.
Malin, Virgile.
Mallat, Alexandre-Michel.
Malle, Louis.

Malo, Abel.
Malot, Jules.
Mallaire, Joseph-Louis.
Mambrard, Michel.
Mance, Louis-Joseph.
Manceau.
Mangeard
Mangeard, Louis-Charles.
Mangin, Octave-César.
Manhiot, Antoine.
Mannejean.
Manuel, François-Ferdinand.
Manzuy, Nicolas.
Marau, François.
Marbot.
Marceau, Jean-Fiacre-Marie.
Marcel, Auxeuse.
Marchal.
Marchal, Philippe.
Marchand, Charles-Alphonse.
Marchand, Charles-Alphonse.
Marchand-Dubreuil, Charles-François.
Marchand, Célestin-Eugène.
Marchand-Dubreuil, Alexandre-Noël.
Marchand, Jean.
Marchand, Joseph-Mammers.
Marchand, Gaspard.
Marchand.
Marchandier, Jean.
Marchaux, Charles.
Marcotte, Louis-Isidore.
Marcou, Henri.
Mardelle, François.
Marecal, Thomas-François.
Marelet, Julien-Noël.
Marey, Ernest-Barthélemy.
Marechal.
Marechal, Louis-François.
Margra, Joseph.
Marguiller, d'Aubone.
Marguerite, Simon.
Maricot, Jean-Élie.
Marie, Jean Pierre.
Marie, Jean-François.
Marie, François-Magloire.
Marie, François.

Marillat, Pierre-Joseph.
Marin, Marie-Benoît.
Marin, Victor.
Marjat.
Mariotte, Nicolas-Hippolyte.
Marlhiou, Gabriel.
Maronteau, Louis-François.
Marot, Jean-Baptiste.
Maroteau, Louis Eugène.
Marqueron, Jean-Antoine.
Marsan, François-Prosper.
Marteau, Victoire-Antoine.
Marteau, Louis-François.
Marteau, Pierre.
Martel, Jean.
Martin, Joseph.
Martin, Jean-François.
Martin, Etienne-Jean-Édouard-Charles.
Martin, Pierre.
Martin.
Martin, Jean-Baptiste.
Martin, Nicolas.
Martin, Marie-Louis-Narcisse.
Martin, Fulbert.
Martine, Jean-Louis.
Martinet, Antoine.
Martinet.
Martrou, Pierre fils.
Marulaz, Amédée-Louis.
Marx.
Masséna, André-Antoine.
Massey, Charles-Louis.
Massias, Charles-Jules.
Massié aîné, Jean-Baptiste-Adolphe.
Massié, Auguste.
Massiette, Jacques-Louis.
Masson, Jean-Nicolas.
Massué, Charles-Auguste.
Mathias.
Mathieu, Jean.
Mathieu.
Matifat, Charles.
Matinean, Léonard.
Matrod, Henri.
Matys, Jean-Sébastien.
Maubrey, Louis-Adolphe.

Maureau, Joseph.
Maurice, François-Auguste.
Meuroy, Amédée-Eugénie.
Maurière, J.-Baptiste-Étienne.
Maurin, Louis-Marie.
Maury, François.
Maury, Jean-François-Claude.
Mavre, François-Auguste.
Maya, Jean-Henri de Silva.
Mazaud, Léonard.
Mayeussier, Jean.
Mayer, Abraham-Salomon.
Mayer, Joseph.
Mazard, Robert.
Mazet, Jean.
Mazure.
Mealin.
Mèche, Joseph.
Medoc, Claude.
Meisner, Édouard.
Meillorac, François.
Meland, Jacques-Manuel.
Melchior, Georges.
Meline, Claude.
Méliot, Adolphe.
Menagé, J.-B.-Hippolyte.
Menage, Antoine-Pierre.
Menard, Théodore-Pierre-Noël.
Menard, Louis.
Menard, Hippolyte.
Menard, Hippolyte-François.
Menier, Antoine.
Menneret, Aristide.
Menoret, Ambroise.
Menou, Antoine.
Menten, Jean-Pierre.
Mercier, Alexandre-Victor.
Mercier, Charles.
Mercier, Antoine.
Mercier.
Merigant, Louis-Antoine.
Merimes.
Merkel, Jean-Georges.
Merlin, Marius.
Mermont, Jean-Marie.
Mesnières, Prosper.
Messager, Pierre-René.
Mesure, Louis.

Meudic, Pierre-Marin-Hippolyte.
Meunier, Antoine.
Meunier, Louise.
Meunier, Louis-Joseph.
Meyer, Louis-Antoine.
Meynier, Achille.
Michalet, Guillaume-Marin.
Michalet (Mme).
Michaud.
Michaud fils, Simon-Nicolas.
Michaud, André-Phil.-Louis-Édouard.
Michel.
Michel, Jean-André.
Michel, Germain.
Michelet de la Chevalerie, Jean-Charles.
Michelet, Auguste.
Michelin, Étienne
Michelot.
Micolon.
Mielleau.
Mignard, François-Marie.
Mignot, Isidore.
Migon.
Mijon, François-Pierre.
Milbert, Alphonse.
Millet, Louis.
Mille, Antoine-Charles.
Millet, Hugues.
Miller, Nicolas.
Millon, Pierre.
Millot, Jean-Baptiste.
Millot, Claude.
Millot.
Milne, Edwards-Henri.
Milner, Ferdinand.
Milon.
Milon, François.
Minet, Joseph.
Mingoi, Jean-Louis.
Minoret, Louis.
Miremont (de).
Missemblé, André-Rose.
Mocquet, Armand.
Moginet, Édouard-Léonard.
Moitié, François-Louis.

Molard, Amédée.
Mollevault, Alexandre.
Moluçon, Pierre.
Moluçon, Pierre.
Monard, Pierre-Michel.
Monbilly, Christophe.
Monchy, Mutius-Scévola.
Mondollot, Adrien-Nicolas.
Monfort, Antoine.
Mong, Charles-Henri.
Monglave, Eugène.
Monier, Jean-Louis.
Monin, Hippolyte-César.
Monin, Claude-Vincent.
Monin, Étienne.
Monot, Julien.
Monot, Jean-Marie-Joseph.
Monnot, Jean.
Monnot, Antoine.
Mons, Jean-Pierre.
Monsaingeon, Benigne-Nicolas.
Monsieur, Jean-Bapte-Alexandre.
Montagnac, Léonard.
Montagne, Colliat-Félix-Alexandre.
Montazeau, Pierre-Hippolyte.
Montet, Frédéric.
Montigny, Eugène.
Montpellier, Pierre.
Morand, Louis-Joseph.
Morauge, Raphaël.
Morda, Denis-Prosper.
Mordillat, Jean-Baptiste.
Moreau, Louis-Joseph.
Moreau, Jacques-Charles.
Moreau, Étienne.
Moreau, Julien
Moreau, François-Laurent-Félix.
Moreau, Jules.
Moreau, Victor-Marie.
Morel, Jean-Pierre.
Morel, François-Basile.
Moret-Lemoine, Pierre-Prudent.
Moret, Jean-Alphonse.
Moriette, Victor-Prosper.

Morin, Jean-Peuplier.
Morin, Claude.
Morin, Jean.
Morin, Louis.
Morin, Jules-François.
Morin, Jean-Baptiste.
Morisset, Eugène.
Moritz, Philippe.
Morizel, Jean.
Morizot, Eugène-Ildephonse.
Morland, Honoré.
Morlot de Vengy.
Montreuil, Charles-Toussaint-Constant.
Mortreux, Jean-Louis-François.
Morvillers.
Moté, Jean-Charles.
Motteau, Cyriaque.
Mouche, Joseph.
Mouche.
Mouet, Gabriel-François.
Mougey, Charles-François-Xavier.
Mougeol.
Moulin, Louis-Laurent.
Moulin, Louis-Ernest-Thimotée.
Moulin, Ernest.
Moulin, Jean-Baptiste.
Moulin, Eugène-Adolphe.
Moulin, Henri.
Moulinet, Alexis-Louis.
Mourant, Jean-Baptiste.
Mouret, Antoine.
Mourier, Jean-Baptiste.
Moutardier, Jacques-Amand.
Moutillard, Louis-Alexandre-Maximilien.
Mouton-Dufraisse, Claude-Zacharie.
Mozard, Nicolas.
Muller, Adolphe.
Muller, Louis-Marie.
Murat, Gilles.
Mutelle, Antoine-Jacques.

N.

Nadal, Dominique.
Napoléon, Blocque.
Naquet, Charles-Adolphe-Rodrigue.
Nardin, Gustave.
Nardin, Louis.
Nauleau, Étienne-Hippolyte.
Naudin, François-Marguerite.
Naudot, François.
Nauleau, Jacques.
Naussdat, Louis Gilbert.
Nautier, Jean-Baptiste.
Nareteux, Alexandre-Victor.
Nay, Ernest.
Nedeck, Jean.
Nepveu, Jacques-Publicain.
Neuilly, Louis-François-Victor.
Neuilly, Jean-André.
Nicault, Guilbert-Hyacinthe.
Nicolas, Lazare-François.
Nicolas, Frick.
Nicole, Pierre-Auguste-Casimir.
Nicole.
Nicolson, Hippolyte.
Nider, Louis-Nicolas.
Nidriche, Michel.
Nièpré, Auguste-Chrétien.
Nisard, Charles.
Nivet, Charles.
Nivert, René-Rose.
Noala, Jean.
Noalhan.
Noël, Jean-Claude.
Noël, Christophe.
Noël.
Noël, Michel père.
Nogué, Clément.
Nogues, Antoine-Charles-Philibert.
Noguez, Jean-François.
Noir.
Noirot, Philibert-Lepelletier.
Nollet.
Nolté.
Nones, Chéri-Daniel.
Normand, Charles-Hippolyte.

Nosselet.
Not, Jean-Baptiste.
Notin, Pierre.
Noton, Jean.
Nourry, Victor.
Nuellas.
Nuret, Joseph.
Nyon, Charles-Guillaume-Eugène.

O.

Odier, Jean.
Odin, Antoine.
Oddoul.
Offesten, Martin.
Oget, Honoré.
Ogier, Joseph-Antoine.
Olzant, Louis-Pierre.
Olary, Bernard.
Olivier-Florian.
Olivier, Thomas dit Nicolas-Auguste-Théodore.
Ollivier, Jean-Baptiste-Dominique.
Ollivier, d'Angers.
Opigez, Pierre-Joseph.
Oradoux, Jean-Baptiste.
Orban.
Oriol, Guillaume-Antoine.
Ortega, Sébastiani.
Ory, Louis-Joseph-Henri.
Osmond, Jacques-Louis-Armand.
Ouvrier, Alexandre-Louis-Joseph.

P.

Pacquet, Jacques.
Pagès, Jean.
Paillet, Victor-François.
Paillet, Laurent-Barthélemy.
Pandelet, Édouard-Joseph.
Pasturel, Léonard-François.
Passot, Joseph.
Pasquier, Jean-Mathurin.
Parent, Philippe-Joseph.

Parqui, Jean-Gabriel.
Pannetier, Amable-Paul-Charles.
Paclot, Louis.
Pauchon, François-Alexandre.
Paulmier, Jean-Thomas-Joseph.
Pasquier, Marin.
Pâris, Jean-Pierre.
Pâris, François-Marin.
Papon, François.
Pagnous, Joseph.
Pacory, Guillaume.
Parent, Alexandre-Marguerite.
Pavageaux, Mathurin.
Panchon, François-Alexandre.
Paul, Constantin-Emmanuel-Mathieu.
Palluel, Antoine-Théodule.
Paré, Charles-Ambroise.
Pauchet, Jean-Baptiste.
Patry, Pierre.
Parfait, Noël.
Pastou, Étienne-Baptiste.
Papaillon, Célestin.
Paparon, Pierre.
Pascal, Jean-François.
Pascon, Jean-Auguste.
Parent, Louis-Pascal.
Pato-Grancourt, Jacques-Barthélemy aîné.
Pascal, Georges.
Pascal, Enteri.
Pâris, Guillaume-Honoré.
Paumeral, Georges.
Pannier, Lafontaine.
Pater, Jean-Frédéric.
Paccard, Philibert.
Papillon, Almaque-Gilbert.
Pacot, d'Yennes-Édouard.
Pascal.
Parent, Louis-Gabriel.
Paquier (Melle), Rosalie.
Paquier, François.
Paillard, Charles-Auguste.
Pavy, Eugène.
Pelège, Claude-François.
Pecota, Jean-Baptiste.
Petit, Pierre.

Peters, Charles-Frédéric.
Pelet, François.
Pernay, Antoine.
Perrier, Camille.
Perdrix, Pierre-Jacques.
Pertus.
Peyre, Antoine-Marie.
Peyré, Maurice-Antoine-Gabriel.
Perrot, Thomas.
Petit, Joseph-Henri-Prosper.
Petit, Antoine.
Pecourt, Stanislas.
Pelletier, Jacques.
Peuvrier, Jean-Baptiste.
Petitot, Hippolyte.
Perrin, Augustin.
Personnet.
Petit, Michel.
Petigny, Marc-Étienne.
Petithomme, Alphonse.
Perelle, Pierre-Théodore.
Perrin, Dominique.
Pepin, Jean-Baptiste.
Pernet, Jean-Denis.
Perrard, Jean-Nicolas.
Pellerin, François-Marie.
Perroud.
Pernot, Armand-Edme-Louis.
Petit.
Petitot, François.
Pellangeon, Sylvain.
Petit-Schmitt, Bernard-Marie.
Persoons, Claude-Louis.
Perel, Pierre-Joseph-Henri.
Petit, Julien.
Pecatier, Albert.
Pernot, Claude.
Pernot dit Givre-Claude-Jean.
Perot, Jacques.
Peillot, Jean-Marie.
Pesquy, Marc-Antoine.
Periot, Charles.
Petit-Didier, Jean-Baptiste.
Perrody, Louis.
Petit, Jean-Antoine-Louis.
Pessard, Louis.

Perignon-Dufresnoy, Étienne-François.
Perasset, Jean-Georges.
Penot.
Pellerin, François-Auguste.
Péan, Paul-Éloi.
Petit-Jean, Jean.
Pérard, Jean.
Pelégrini, Joseph.
Pétreau, Nicolas-Victor.
Pelletier, Joseph.
Perret.
Pechiné, François-Joseph.
Pecot, François.
Pérignon, Nicolas-Henri-Balthazard.
Percet, Jean-Baptiste.
Pepin, Jean-Baptiste.
Pelvey, Désiré.
Perrout, Joseph.
Petit, Jean.
Perrotin.
Petit.
Petros, Henri.
Perreau.
Peimoulié.
Peifler, Jean-Nicolas.
Philippe, Jean-Baptiste.
Philippe, Pierre.
Philippot, Alexis.
Pichon, Jean-Pierre.
Philippe, Philippe.
Phalippon, Arsène-Eléophar.
Picard, François-Antoine.
Pillien, Jean.
Pierrot.
Pierre, Louis-Eugène.
Piéjus, François.
Pigeon, Jean-Baptiste-Xavier.
Pinel de Granchand.
Pitolet.
Picard, Pierre.
Pinteur, Léonard.
Pichot.
Pierron, Jean-Pierre.
Pieux, Guillaume.
Pillevesse, François.

Pillu, Gabriel-Luc.
Pitoin, Félix-Aimé.
Piperel, Jean-Nicolas-Marie-François.
Pialoux, Jean-Joseph.
Pillard, Constant.
Picard, Pierre.
Pimaigre, Stanislas.
Piorry, Pierre-Alphonse.
Piot, Pierre-Jean.
Pinel, Charles-Philippe.
Pichon, Pierre-Augustin.
Pichard, François-Louis.
Pierre, Xavier.
Pichot, Jean-Louis-Désiré.
Pion, Louis-Antoine.
Pillon, Pierre-Victor.
Picot, Benjamin.
Pillot, François-Joseph.
Pinel.
Pinard, Edouard.
Pierron, Pierre-Allemacourt.
Pichon, Charles.
Pintret, Jean-Denis.
Pinson, Jacques-Nicolas-Claude.
Piochelle.
Plée, François.
Plisson, Laurent-François.
Plaisant. Deserelles-Bernard-Antoine-Pierre.
Planty, Christien.
Pluque, Pierre-Joseph.
Planchon, Henri-Victor.
Plateau, Pierre-Charles.
Plé, Jean-Louis-Charles.
Plu, Toussaint.
Pochet, Pierre-Louis.
Pointis, Jean-Antoine-Bernard.
Poiret, Adolphe.
Poirier, Isidore-Frédéric.
Poirier, Adolphe-Joseph.
Poirrier, André-Hippolyte.
Poirson, Charles-Alexandre.
Pompée, Charles-Jean-Louis.
Poncelet, Louis.
Porché, Victor.
Poncelet, Ovide.

Potier, Jean.
Pottier.
Pottier, Valery-Sébastien-Edouard.
Pottenot, Joseph.
Pouillie, Firmin-Louis.
Pouget, Jean-Joseph-Augustin.
Pouhaut, Charles.
Poujot, Jean-François.
Poupinel, Prosper.
Poutos, Louis-Antoine.
Poichot, Henri-Louis.
Potereau, Pierre-Marie-Théophile.
Pouille, François.
Poirier, Jean-Baptiste.
Porte, Pierre.
Polliot, Louis-Antoine.
Porre.
Poileux, Antoine-François.
Poisson, Frédéric-Athanase.
Pottier, Jacques.
Porson, Jean-Pierre.
Poulain, Jean-Hippolyte-Alexandre.
Poisson, Louis-Pierre.
Porquier, Georges-Albert.
Potevin, Charles-François.
Polin, Jacques-Achille.
Poncet, Louis.
Poirot, Jean-François.
Poulallier, Louis.
Poulet, Ferdinand-Pierre.
Poulet.
Porson, Valentin-Fabre.
Poix, Coste.
Poulain.
Pochet, François.
Poignet.
Pouiltier, Adolphe-Charles-René.
Poujol, Louis-Barthélemy.
Poutignac, Devillards-Jacques.
Puchois, Hermann.
Puthomme, Irène.
Putel.
Prudhomme, Jacques-Michel.
Prévost, Justin.

Pruvost.
Prunier.
Pretay, Jean.
Préaux, André.
Prieur, Denis.
Proust. Hippolyte.
Pruvost, Jean-Philippe-Alexandre.
Prouteau, Jean.
Provenchère, Louis-Joseph.
Prévost, Rousseau.
Prud'homme, François.
Praira, Adolphe-Constant, dit Bélica.
Prod'homme, Victor-Jean.
Protin, Auguste-Aristide.
Pradel, Jean.
Prault.
Prou, Pierre.
Prévost, Alexandre-Louis.
Prunier, Antoine-Damien.
Prospert, Victor.
Prial, Hippolyte.
Prottin.
Prouteau.
Prouin, Nicolas-Valentin.
Preusse, Félix-Auguste.
Prat.
Prevost, Jean.
Prud'homme, Louis-Auguste.

Q.

Quillier, Jean-Baptiste.
Quintaux, Raimond.
Quinton, Jean.
Quemard.
Queutière, Jean-Baptiste.
Quercy.
Querment de Villeneuve.

R.

Rabiat, Constant.
Rabot, Charles.
Radiguel, Adolphe-Hippolyte-Jean-Marie.
Radinat.

Radu, Mucius.
Raflet, Jean-Maréchal.
Raffin Duchesnois, Achille.
Ragache fils.
Ramcelin, Joseph-Remy-Nicolas.
Ramond.
Ramont, Charles-Eugène-Pascal.
Rausillon, Jacques.
Rausan, Jean-Baptiste.
Raout, François-Pierre.
Raoul.
Raphaël, François-Vincent.
Rastignac, Charles.
Rasquin, Louis-Joseph.
Ratelade, Auguste.
Ratier, Isidore.
Rault, Félix-Marie.
Raveneau, Etienne-Hercule-Charles-Désiré.
Ravinet, Alexandre.
Ravinet, Nicolas-Bsrtrand.
Ravinet, Noël.
Raviquet, Julien.
Réaux, Jean-Nicolas.
Rédon, Jean-Baptiste.
Redouté, Jean.
Regnard, Jean-Baptiste-Louis.
Regnault, Louis.
Regnier, Jean-Louis.
Regnier, Louis-François.
Reiche, Louis.
Régnier, Napoléon-Antoine.
Relin, Nicolas-Eugène.
Remau, Jean.
Remond.
Remond, René.
Remoneau, Parfait.
Remy, Alexandre.
Remy, Antoine.
Remy, Pierre-Charles.
Remy, Julien-Marie-Guillaume.
Remy, Dominique.
Remy, Marie-Joseph.
Remy.
Renard, Pierre.

Renard, Joseph.
Renard, François.
Renard, Jean-Baptiste.
Renard, André.
Renaud, Joseph.
Renaud, Henri-Pierre.
Renaud, Arnaud.
Renaud, François.
Renaud, Jean-Baptiste.
Renaudet, Jacques-René.
Renaudet, Jacques.
Renaudin, Antoine-Auguste.
Renaudin, Auguste-Philippe.
Renaudin, Jean - François - Pierre.
Renaut, Jean-Louis.
Renet, Gabriel-Paul-Marie.
Renou.
Renouard, Augustin-Charles.
Renoud, François-Victor.
Renu.
Repusseau, Pascal-Etienne.
Requichaud.
Revel, François.
Revoil, André.
Reverand, Charles-Germain.
Rey, Aristide.
Reybeyral, François.
Reymond, François.
Riberot, Jean-Louis.
Ribet, Michel-Joseph.
Ribière, François-Auguste.
Recurt, Adrien-Barnabé-Athanase.
Rémond, Claude.
Reumon, Paul-Clovis.
Riboulle, Louis-Marie.
Ricard, Théodore-Etienne.
Richard, Auguste.
Richard, Gabriel.
Richard, Pierre.
Richard, Édouard.
Richard, Jean.
Richard, Claude.
Richard, Guillaume.
Richard, Antoine-François.
Richard, Jean-Baptiste.
Richard, Louis-Philippe.

Richard.
Richard, Auguste.
Richer, Charles-Alexandre.
Richy, Henri.
Ricot, Jean-Eugène.
Ridoux, Louis-Charlemagne.
Riel, Pierre.
Rietche, Charles.
Rieusset, Auguste.
Rigolier, Jean-Baptiste.
Rigollet, Adolphe-Théophile.
Rigoux.
Riolet, Louis-Pierre.
Riou, Jean-Laurent.
Ripault.
Riquet, Marin - Bonaventure-Hildevert.
Riquier, Bonaventure.
Risler.
Risser, Jean.
Rivaud, Jacques-Jérôme.
Rivière, Pierre.
Robert, Jean.
Roberts.
Robert, Hubert-Joseph.
Robillard, Hippolyte-Charles-Gabriel.
Robin, Maurice-Victor.
Robin, Jean-Philippe-Adrien.
Robinet, Jean-Louis.
Robion.
Roch, Louis.
Rochat, Louis-Rodolphe.
Rochas, Jacques.
Roche, André.
Roche, Germain.
Roche, Achille.
Rockenstroch, Eugène-Jean-Jacques.
Roques, François.
Rodet, Jules-Louis.
Rodet.
Rodier, Claude.
Roger, François-Jean-Baptiste.
Roger, Félix-Auguste F.
Roger, Antoine.
Roger, Honoré.
Roger, Eugène-Michel.

Rogion, Joseph, *dit* Lyonnais.
Rognan, François-Jacques.
Rojare, Paul-Émile.
Roley, Charles.
Roland, André-Joseph.
Rolinat, François.
Rolland Gervais.
Rollet, Louis-Fiacre.
Rombault, Vincent.
Romagnesi, Charles-Michel-Victor.
Romanson, Louis.
Rondaire, Ducoutant.
Rondet, Joseph-Romain.
Rondei (Mme).
Ropart, Jean-Marie.
Roques, Louis-Jean-Zénon.
Rose, François.
Rosselin, François-Louis.
Roubé, Joseph
Rouen. Pierre-Isidore.
Rouget, Charles.
Rouget, Victor-Claude.
Roughol, Antoine.
Rouiller, Marie-Denis-Pamphile.
Rouilly, Jacques.
Rouleau, Alexandre.
Rouleau, Jean.
Rouleau du Gage, Henri.
Rouleau du Gage, Sympⁿ.
Roumier, Jean-Baptiste.
Rousseaux, François.
Rousseau, Jean-Félix.
Rousseau, Maire.
Rousseau père, Pierre-Louis-Joseph.
Rousseau, Marie-Antoine.
Rousseau, Hubert.
Rousseau, François-Marie.
Roussel, Xavier-François.
Rousselle, Jean-François.
Roussille, Guillaume.
Roussin, Jules-Antoine.
Routex.
Roux, François.
Roux, Jean-Théodore.
Roux, Jules-Etienne-Jean-Bap.

Rouxère, Etienne-Henri.
Roy, Aubin.
Roy.
Roy, Jean-Pierre.
Royer.
Royer, Barthélemy.
Royer, Jean-Marie.
Royer, Eloi-Auguste-Théodore.
Royer, Etienne.
Royer, Adolphe.
Royné, Joseph-Alphonse.
Rozan, François-Léonard.
Rozard, Pierre.
Roze, Julien-Henri.
Roze-Léon.
Rozières, Joseph-Louis-Vincent.
Rozoy, Pierre-Nicolas.
Ruaux, François-Antoine.
Rudeau, Messidor-Brutus.
Ruelle, Antoine.
Ruzé, Jean-Baptiste.

S.

Sachet, Jean-Louis.
Salé, Laurent-Marie.
Sailleufest, Casimir.
Saitaire.
Saint-Denis.
Saint-Denis, Jean-Charles-Louis
Saint-Denis, Jacques-Joseph.
Saint-Martin, Pierre-Louis.
Saint-Martin.
Saint-Père, Denis.
Sainsans, Pierre-Louis.
Saint-Victor.
Salaherry, Bernard.
Salamitte, François.
Saléon-Ducloz, François-André.
Salle, Nicolas-Jules.
Selles, Jean-Baptiste.
Sallé.
Salignac, Philippe.
Salin, Florentin-Théodore.
Salmon, Louis.
Salmon, Pierre.
Salomon, Mayer-Abraham.
Salomon, Benjamin.

Sombart, Jean-Robert.
Samson, Jean-Claude.
Samuel-Sair.
Samvaz.
Sandoz, Jean-Baptiste.
Sandoz, Auguste.
Santa-Maria.
Santat, François-Camille.
Sanson, Jean-Pierre.
Sanson.
Santelly, Simon-François.
Santon.
Santune, Jules-Jean-Baptiste.
Sarat, Jean-Pierre.
Sarrat, Auguste.
Sassety (Mme).
Sassey, Antoine-Jean.
Sasias.
Satgé, Antoine.
Saunier, Louis-Thomas.
Saunière.
Sauton, Charles.
Sauvageau, Nicolas-Bonaventure
Sauvageot, Jean-Baptiste.
Savary, Marc-Claude.
Sayet, Antoine.
Scaraux, Louis.
Schairs, Charles.
Schars.
Schloget, Etienne-Joseph.
Schmitt, François-Xavier.
Schmitz, Augustin-Jean.
Schneiners.
Schœnberger, François-Pierre.
Schopin, Henri-Frédéric.
Schoubrener, Jean.
Schram, Pierre-François.
Schwabe, Jean-Baptiste.
Schwend, Adolphe-Alphonse-François-Pierre.
Schott, Louis-Théodore.
Sciès.
Screpel, Claude.
Sèbe, Pierre-Bernard.
Sedillot.
Sefert, Louis.
Segaud, Henri-Antoine.
Seguin, Edouard-Onésime.
Seguin.
Seguin.
Seguin, Pierre-François.
Seguieu, Pierre-Nicolas-Joseph.
Seigneur, Jean-Pierre-Marie.
Segean, Albert.
Sellier, Etienne.
Sellier, Pierre-Louis-Jules.
Senéchal, Louis-Pierre.
Sennepart, Charles-Virgile-Marie.
Sensier, Chares. 1
Sennegon, Alphonse-Pierre-Georges.
Seneuse, Claude-Réole.-Amable.
Senlis, Etienne.
Seonnet, Fulbert.
Septavaux.
Serbourse, Armand.
Serin, Charles
Serin, Jean-Baptiste.
Serou, Antoine-Joseph.
Serre, Pierre.
Sermet, Joseph-Marie.
Serouge, Pierre-Jean-Louis.
Serullaz, François-Antoine.
Servafaut Desgouttes, Jean-Marie.
Serve, François.
Servieu.
Servières, Antoine
Sevray.
Sibon, Dominique.
Sicard, François.
Sidari, Théodore.
Sidel, Napoléon-Henri-Pierre.
Sidot, Dominique.
Sigé, Jean-Baptiste-Toussaint.
Sijas, Pierre-Jean.
Siméon, Claude-Benoist.
Simleithner, François.
Simon, Henri.
Simon, Pierre-César.
Simon, Devallier.
Simon, Jacques.
Simon, Théodore.

Simon, Auguste-Paul.
Simonneau, Louis.
Sinel, Jacques.
Sinet, Jacques.
Sisco, Edouard.
Sivard, Jean-Louis-Antoine-Ernest.
Smagge, Jean-Victor.
Smith, James.
Soligny, Louis-Alphonse.
Sommiey, Bastien.
Sorrel, Antoine.
Soret, Jean-Baptiste-Germain.
Sorot, Guillaume.
Sornet, Benoît.
Souchal, Antoine.
Souchon, Pierre-Louis.
Soudée, Etienne-Louis.
Souef, Jules.
Soulau.
Soulard, Frédéric-Jean François.
Soulé, Joseph.
Souliard, Jean.
Soulier, Jean.
Soulier dit Sotié.
Soulier, Jean-Jacques.
Souquet, Gustave.
Soyet.
Soyeux, Jean-Baptiste.
Soyeux, Jean-Paul.
Spork, Jean.
Springer, Georges-Jean.
Stanlay, colonel, anglais.
Stéphanis.
Steinmetz, André.
Sthurler, Jean-Henri.
Stoll, Martin.
Stock, Jacques-Pierre.
Storr, Michel.
Storder, Julien-Théodore.
Strebel, Charles.
Stupuy, Jean-Baptiste.
Suais, Joseph.
Sudan dit Robert, Joseph.
Suisse, Jean-Philippe.
Suzau, Paul.
Symon, Jean-Louis.

T.

Tabarie, Camille-Jean.
Tabouret, Nicolas-François.
Tabouret, Nicolas-V.
Tabuteau.
Taché, Henri-Gilbert.
Taillefesse, Philippe-Th.
Tailleur, Jean-Baptiste.
Taieu, Armand-Joseph.
Taisson, François, dit Devigny.
Talebas, Jean-Pierre.
Tampicy.
Tampucci, Alexandre-Pierre-Nicolas.
Tanier, Charles-Georges.
Tardieu, Jules-Romain.
Tardieu, André-Ambroise.
Tarradé, Antoine.
Tarragon.
Tasson, François-Isidore.
Tautin, Charles-Jean.
Taverne.
Tesseidre, Antoine.
Telefort, Antoine-Guillaume.
Tenard, Jean-Baptiste.
Thermelet, Daniel-Antoine.
Tesnière, Robert-Augustin.
Tessier, Ernest.
Tessier, Jean-Louis.
Tessier, Jean-Henri-Victor.
Tessier, Eugène.
Testa, Hyacinthe.
Testu.
Tête-Forte, Amable.
Teixier, Léonard.
Teyssier, Joseph-Auguste.
Tharin.
Thayer, Edouard.
Thayer, Williams.
Thévelin, Charles-Napoléon.
Thevenin, Jean-Franç.-Pierre.
Thevenin, Nicolas.
Thevenot, Auguste-Armand.
Théry, Louis.
Thomain, Marie-Franç.-Joseph.
Thomas.
Thomas, Louis-Guillaume.

Thomas, Désiré.
Thomas-Froideau, Jean-Bap.-Charles.
Thomas, Pierre.
Thomas, François-Louis.
Thomas, Joseph-Marie.
Thomas, Auguste.
Thomas, Germain-Joseph.
Thomin, Antoine.
Thonnelier, François.
Thonus, Guillaume-Jacques-Louis.
Tonus.
Thorot, François.
Thiallier, Georges.
Thiébaut, Firmin.
Thibeau.
Thiébault, Constant-Félix.
Thiébaut, Pierre-Denis.
Thibaut, Charles.
Thibert, Théodore-François.
Thibert, Edme.
Thibord.
Thiellement, Alexandre.
Thilly, Franç.-Appollinaire.
Thierry, Joseph.
Thierry, Pierre.
Thiert.
Thinus, Ferdinand.
Thirion, Charles-Alexis.
Thuillier, Georges.
Thiberge, Achille.
Tillier, Jean-Baptiste-Raphaël-Antoine.
Tinlot, Jean-Marie.
Tirel, Nicolas-Louis.
Tirel, Auguste-Jean-Jacques.
Tiremanche, Hippolyte-Xavier.
Tissandier, Emmanuel.
Tisserand.
Tisserand, Charles-Julien.
Tisseraudet, Jean-Marie.
Tisseraut, Benoît.
Tisseron, Toussaint-Jacques.
Tissier, François-Louis.
Toffin, Joseph-Eustache.
Toffin, Joseph.
Toinlier, Armand-Joseph.

Touchard, Joseph-René.
Torchet, Eugène-André-Simon.
Torchon-Desfontaines, Jean-Baptiste.
Tourillote, Pierre.
Tourel, Alain.
Tournecuiltert.
Tourneur, Théodore-Alexandre.
Tourneur, Louis-Joseph-Alex.
Tournier-Bellair, Simon.
Tourtay, François.
Toussaint, Joseph.
Toussard, Pierre-Julien.
Touzard, Léon-Félix.
Trajet, Pierre.
Tranchant, François.
Tranchon, Charlemagne-Cécile.
Trebugaix, Charles.
Trechet, Jean.
Trémolinaire, François-Joseph-Louis.
Tremblé, Auguste-Adolphe.
Tressont, François-Chérubin.
Tricot, Jean.
Trilhe, Antoine-François.
Trioullier, Pierre.
Tripier, Charles-Simon-Clém.
Tripet, Gabriel.
Tristant.
Trouvé, Pierre-Joseph.
Trouvé, Charles-Théodore-Antoine.
Tulou, Jean-Louis.
Turbri.
Turge, Juste-Nicolas.
Turquet, Jean-Baptiste.

U.

Urtin, Louis-Urbin.
Utinet, Richard.

V.

Vaccousin, Etienne.
Vacher, Louis-Auguste.
Vagner, Jean-François.
Vagon, Michel.

Vaillant, Jean-Etienne.
Vaillant, François.
Vaillant, Pierre-Franç.-Henri.
Vaillant, Jules-Joach.-Noël.
Vaillant, Pierre-François.
Vaissade, Camille.
Vaissié.
Vaissière, Jean-Philippe.
Vaissière, François.
Valentin.
Valentin, Louis-Ernest.
Valette, Auguste.
Valicon, Jean-Attale.
Vallercy, Narcisse.
Vallier, Jean-Baptiste.
Vallière, François-Joseph.
Vallière, François-Blaise, dit Jacques.
Valin, Ponsard-Ant.-Joseph.
Vallod.
Vallot, Narcisse-Etienne.
Valpinson.
Valsemey.
Valsemey, Pierre-Guillaume.
Valton, Louis-Joseph.
Vamoutier.
Van-Cauteren.
Vandaël.
Vandenhorick, Jean-Michel.
Vanderberken, Félix-Antoine.
Vandeviver, François-Antoine.
Vanhers, Alexandre.
Vanlcempuken, dit Joseph.
Vannetier.
Vanneufften, André.
Vauquelin.
Vaquery.
Varin, Jean-François.
Varlet, René-Louis.
Vasnier, Louis-François.
Vassal, Charles-Alexandre.
Vasselet, Pierre-Ant.-Jacques.
Vasselin.
Vattecamps.
Vattepain, Théophile-François.
Vathier, Jean-Baptiste.
Vaurick, Pierre-Nicolas.
Vautrin, Louis-François.

Vaux, Pierre.
Vauxonne.
Vauxonne (de), Jules.
Vecchiarelly, Salvator.
Vavasseur, Marie-Victor.
Vavasseur, Etienne-Jules.
Venard, Pierre-Anthelme.
Venche, Luc.
Veny, Charles.
Verbois, Jean.
Verdet, Laurent.
Verdier, Pierre-Alphonse.
Verdier, Jean-Etienne.
Verdière, Michel-Augustin.
Verdot, Christophe.
Verdot, Jean-Marie.
Vergé.
Vergue.
Vernet.
Verney.
Vernois, Maxime.
Vérité, Victor.
Véron, François.
Verrière, Armand.
Vespiniani.
Vessière, Jean-Jacques.
Veyrat, Aug.-Emile.
Veyrassat.
Vessier-Decombe.
Vial, François.
Vialet-Desgranges.
Viard, Pierre-François.
Vibert, Louis.
Vidal, Antoine.
Vidalin, Pierre.
Vidalin, Paul.
Viée, Nicolas.
Vielle, Charles-François.
Viéville, Louis.
Vieziez, Lucien-Agathe.
Vigoureux, Jean-Marie.
Vignal.
Viguier, Auguste.
Vilpelle.
Vilain, Joseph-Jean-Baptiste.
Villain, Jean.
Villaloz, Franç.-Jules-Joseph.
Villards, Adrien-Nicolas.

Villecoq, Alexandre.
Villefranche, Pierre.
Villemain, Abel.
Villéon, Gabriel.
Villermot, Jean-François.
Villette, Adolphe-François-Maurice.
Vimeux, Claude-Frédéric.
Vincent, Pierre.
Vincent, Pierre.
Vincent (St), Jules.
Vincent, Séraph.-Victor-Sainte-Croix.
Vincent, Louis-Napoléon.
Vincent, Théodore.
Vincent, Jacques.
Vincent.
Vincent, François-Raphaël.
Vingtrimier, Félix.
Violet.
Violette, Antoine-Jean-Henri.
Vioménil, Louis-André-Franç.
Vionnet.
Vital
Vivien, Pierre-Valentin.
Vogèle, Jean-Baptiste.
Voillemont, Honoré-Adolphe.
Voisin, Charles.
Voisin, Pierre-Jean.
Vollier, François.
Volpillac, Jean.
Vosgien, André.
Voxeur, Sébastien.

Vrambout, Napoléon-Auguste.
Vuillet, Pierre-Auguste.

W.

Wagner, Pierre.
Walter, Geoffrain.
Wankerk, Alexandre.
Warin, Jules-François.
Wergaud, Joseph.
Warner, Jacques-Christophe.
Wernet, Georges.
Wieuzner, Jean.
Wilhem, Balthazar.
Willaumez, Louis.
Wirth, François-Ignacé.
Wolgmuth, Adolphe.
Wolgmuth, Gustave.
Woilard, Jérome.
Wrikler, Frédéric.

Y.

Yeclomann, Jean-Joseph.
Ylzon.
Yly, François.
Yves, Hyacinthe.
Yves, Georges.

Z.

Zammaretti, Victoire-Antoine.

PÉTITION

A MESSIEURS LES MEMBRES DE LA CHAMBRE DES DÉPUTÉS, LES DÉSIGNÉS POUR LA DÉCORATION SPÉCIALE.

Lorsque la France s'est levée comme un seul homme pour élever l'étendard de la liberté sur les débris d'un trône, les citoyens n'ont établi entre eux aucune distinction; tous, ils ont couru aux armes, le même héroïsme les animait, et la même tombe recouvre quatre mille d'entre eux ; et cependant au jour des récompenses, des cathégories sont établies, les titres sont égaux, et nous, que l'on voudrait placer sur la première ligne de ceux avec lesquels nous étions confondus dans le danger, nous venons hautement protester contre une telle distinction, et réclamer les honneurs militaires et l'étoile de juillet pour nos frères jugés dignes de la médaille, et ceux dont les droits auraient été méconnus. Une commission a été établie dans le sein de l'assemblée de ces braves ; nous venons appuyer auprès de la Chambre une réclamation aussi juste, de toute l'autorité des droits qu'on nous a déjà reconnus.

Suivent les signatures des décorés de juillet.

PROCÈS-VERBAL

De l'Assemblée générale des décorés de Juillet, au Wauxhall, le 12 juillet 1831.

La première partie de la séance est consacrée au rapport des travaux de la commission des réclamans de juillet. A cette occasion, Me Floriot prononce un discours dicté par les sentimens du plus pur patriotisme, et plein d'une sage modération. Son intention était d'obtenir l'adhésion des décorés de la croix spéciale à d'équitables représentations. M. Capot de Feuillade parle dans le même sens. M. Thourel, prenant aussi la parole, invite tous les hommes de juillet à établir entre eux des rapports plus intimes, et à ne former qu'une même famille, comme aux jours du danger. Il propose de signer une pétition qui sera présentée à la Chambre des Députés. Toute distinction, dit-il, doit cesser entre ceux dont le péril fut le même. Ses intentions pures et patriotiques, bien comprises de l'assemblée, produisent la plus profonde sensation, et excitent les plus vives sympathies. Il se livre ensuite à quelques observations pleines d'intérêt sur le programme publié des fêtes des 27, 28 et 29 juillet, et sur l'avis affiché par la commission des blessés de juillet.

M. Bonnellier prend ensuite la parole pour le même objet. Pendant son improvisation, M. Thourel a rédigé la pétition dont il avait précédemment parlé. Cette pétition, lue dans le plus grand calme, est accueillie par d'unanimes applaudissemens; on la dépose sur le bureau du président, où elle est à l'instant couverte de nombreuses signatures.

M⁰ Floriot fait la proposition d'offrir une épée d'honneur aux généraux Dubourg et Dufour. L'assemblée vote par acclamation, et l'on arrête qu'à dater de ce jour des listes de souscription sont ouvertes dans les bureaux de la commission des réclamans de juillet, et dans ceux des journaux *la Tribune* et *la Révolution*.

Avant de se séparer, un membre de l'assemblée donne communication du programme des fêtes qu'on se proposait de célébrer le 14 juillet pour l'anniversaire de la prise de la Bastille. Après lecture faite de ce programme, on se sépare dans le plus grand ordre, et en entonnant l'hymne patriotique la *Marseillaise*.

www.ingramcontent.com/pod-product-compliance
Lightning Source LLC
LaVergne TN
LVHW050648090426
835512LV00007B/1099